"茅舍槿篱溪曲"
"门外春波荡绿"
踏上回归精神故里寻古探幽的旅程，
感受乡土的温暖与润泽，
体味精神家园的馨香。

中国非物质
文化遗产
抢救工程
THE PROJECT TO CHINESE
FOLK CULTURAL HERITAGES

中国历史文化名城·名镇·名村丛书

一斗水

河南

中國歷史文化名村

中国民间文艺家协会 / 组织编写

总主编 / 潘鲁生 邱运华

本卷主编 / 孙军

知识产权出版社

《中国历史文化名村·河南一斗水》
编委会

主　　编｜孙　军

编　　委｜王保才　孙　军　郭文胜　刘明森

审　　稿｜程健君　乔台山

摄　　影｜以姓氏笔画为序

王全力　刘家新　乔台山　孙　军　李建强

李海军　张金中　邱　钧　邱大军　杨　涛

杨正华　勇　力　段玉宝　栗志涛　程健君

英 文 翻 译｜王海妹

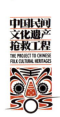

积聚海量信息 寻觅科学路径（序一）

邱运华

　　传统村落保护是当下中国文化遗产保护工作中最重要的社会性课题之一。对于一个具有绵延五千年不间断农业文明的民族来说，传统村落能否得到妥善保护更是一个文明能否传承的关键问题。

　　传统村落保护是当代社会发展的普遍问题，不独中国社会存在，西方发达国家存在，东方发达国家也存在。从世界范围看，这是一个国家从欠发达到发达、从农业社会过渡到工业社会、从以农村为主体发展到城镇化生活方式过程中普遍存在的问题。有学者把中国农村经济结构改造、社群建设、新文化建设和整体民生改善工作这一进程，追溯到 20 世纪 50 年代。但我以为，它毕竟不是我们现在所处的整体转向工业化、城市化进程中遇到的课题。中国社会同一性质的乡村保护课题，起源还是世纪之交的 2003 年 2 月 18 日"中国民间文化遗产抢救工程"。2012 年 12 月 12 日，住房和城乡建设部、文化部、财政部联合发布《关于加强传统村落保护发展工作的指导意见》，2014 年 4 月 25 日，除上述三部外又增加了国家文物局，联合发布《关于切实加强中国传统村落保护的指导意见》，两次重申传统村落保护的联合行动。冯骥才先生在 2012 年的一篇文章里把传统村落保护提高到文明传承的高度，我认为非常正确。中国社会各界对传统乡村保护的问题，有着非常积极的呼应。

　　中国是发展中国家，但是从东部、南部和东南部区域看，具有发达国家的基本特征。农村人口从西部向东部、从村落向城镇转移，是 1990—2010 年之间最重要的社会现象，这一巨大的人口变迁集中表现为城镇人口急速膨胀、传统村落急速空心化，不少历史悠久的自然村落仅仅剩下老人和儿童。因此，传统村落的保护在中国面临的问题，与发达国家相比，具有共同性。例如，从"二战"后恢复到工业化时期，德国和日本先后进行的村落更新或改造项目，具有几个明显特征：一是以激发村落内部活力、发展农村经济作为前提，以改造农村基本生活设施作为基础展开；二是村落更新或再造项目以土地管理法令的再研究作为保障；三是建立了学术界论证、公布更新或再造规划、政府支持的财政额度及投入指向、个性化改造方案与村民意愿表达的有效沟通机制，有效保障村落历史文化、自然风景、公共空间与私人空间等要素。综合来看，先行的国家特别注重传统村落的"民间日常生活"保存问题。

所谓"民间日常生活"的具体含义是什么？乃指传统村落村民群体的方言、交往方式、经济生产活动、衣食住行、生老病死、教育、节日活动、传统风俗、民间信仰活动以及区域性的传统手工艺活动等，以及上述种种的精神性、思想性、文化性、艺术性和物质性表现形态。长期以来，中国传统村落之所以成为民族文化的保留者和传承平台，核心在于保存着这个民间日常生活，它的内容和方式，在民间日常生活的基础上，方可承载不同样式、层次的民族文化。

之所以在这里提出"民间日常生活"作为传统村落的文化基础问题，乃是因为看到目前对待传统村落的两种观点具有相当的欺骗性，并不同程度地主宰和误导了传统村落的基本价值指向。一种是浪漫主义传统村落观，一种是商业主义传统村落观。浪漫主义传统

中国民间文化遗产抢救工程
THE PROJECT TO CHINESE FOLK CULTURAL HERITAGES
SOS

村落观把传统村落理想化、浪漫化，仿佛传统村落是用来怀旧的，象征着一切美好的自然与人类的和谐，田园风光，日出而作，日落而息，男耕女织，像是《桃花源记》里的武陵源，"不知有汉，无论魏晋"。但是，这不是民间日常生活；民间日常生活还包含在落后生产力条件下的温饱之苦、辛劳之苦，是传统村落里百姓的生活常态；生产关系之阶级阶层压迫、政治强权和无权地位，以及在自然面前束手无策，在兵灾、匪患和种种欺男霸女面前的悲惨状态，甚至中华人民共和国成立以来出现过的政治压迫、思想禁锢和社会运动之灾，是乡村浪漫主义者无法想象的，而这，就是大多数传统村落的民间日常生活。文人雅士，在欣赏田园风光和依依炊烟之时，能否探入茅舍，去看看灶台、铁锅和橱柜，去看看大量农夫、农妇的身子，他们是否仍然饥饿、寒冷？或者他们的孩子是在劳作还是就学？商业主义传统村落观呢，则直接把传统村落改造成伪古典主义的模板，打造成千篇一律的青砖瓦房，虚构出一系列英雄史诗和骑士传奇，或者才子佳人和神异仙境的故事，两者相嫁接，转化为商业价值或者政绩价值，成为行政或市场兜售的噱头，这一行为成为当下传统村落"保护"的常态。这两种传统村落观，一个共同的特点是把村落与民间日常生活相割裂，抹杀了民间日常生活在传统村落里的价值基础，从而，也直接把世世代代生活于这一场景的村民们赶出村落，嫌他们碍事，妨碍了我们的浪漫主义和商业主义梦想；他们不在场，我们可以肆意妄为地文化狂欢。那些在民间日常生活中久存的精神性的、思想性的、文化性的、艺术性的符号，均不在话下。但是，假如村民不在场，社群活力不再，传统村落如何是活态的呢？西方哲学有一个时髦术语，叫作"主体缺失"，因为主体缺失，因而话语狂欢。

关注传统村落的村民，无疑是中国传统村落保护的第一要素。但恰好是人这第一要素构成了传统村落的凋敝和乡愁的产生。

1990年至2010年这二十年，随着一些区域传统村落里村民流动性的增强，特别是青壮年村民向东部、东南部和南部沿海地区季节性的流动，极大地影响了这些区域传统村落民间日常生活的展开，减弱了传统村落的社群活力，也相应削弱了传统文化活动的开展。这样，构成传统村落民间日常生活的内容慢慢演变成淡黄色、苍白色，成为一种模糊记忆，抑或转化为一年一度的春节狂欢，最后，演变定格成为日常性质的乡愁。民间日常生活不再完整地体现在现在乡村生活之中。那个完整的民间日常生活，在我们不得不离开它的土壤之后，便蜕变为乡愁。乡愁这只蝴蝶的卵，就是民间日常生活。而伴随着乡愁这只蝴蝶而出现的，却是一个个村落日常生活不断凋敝、慢慢消失。乡愁成为我们必须抓住的蝴蝶，否则，我们的家乡便消失在块垒和空气之中，我们千百年创造的文化便无所依凭。然而，据统计，在进入21世纪（2000年）时，我国自然村总数为363万个，到了2010年，仅仅过去十年，总数锐减为271万个。十年内减少约90万个自然村。若是按照这个速度发展下去，三年、五年之后，我们的传统村落便所剩无几了。也就是说，出生和成长在这些村落而现在散居在世界各地的人们，将无以寄托他们的乡愁。若是其中有的村落有几百年、上千年甚至更久远的历史呢？若是其中有的村落有着华夏一个独特姓氏、家族、信仰和其他各种人文景观等呢？

越来越多的学者开始从事传统乡村保护的研究工作，例如《人

民日报》2016 年 10 月 27 日发表了"老宅、流转、新生"为题的介绍黄山市探索古民居保护新机制的文章，还配发了题为"古民居保护，避免'书生意气'"的评论；《中国文化报》2016 年 10 月 29 日发表了题为"同乡村主人一起读懂文化传承"的文章，提出了"新乡村主义"的概念，在它的题目之下，包含有乡村治理、乡村重建和乡村产业化的多功能孵化等内容。为此，文章提出了"政府在制定政策方面、标准化编列预算、聘请专家团队和 NGO 组织，进行顶层设计、人才培养、产业孵化和公共服务"四项基本措施，还配发了"莫让古民居保护负重前行"的文章。《光明日报》2016 年 11 月 15 日发表了题为"福建土堡：怎样在发展中留住乡愁"的报道，记叙了专家考察朱熹故乡福建三明尤溪土堡的过程；记者报道了残存的土堡现状，记录下专家们的意见：政府与社会资本合作的"PPP 模式"，面对乡村人口日趋减少的不可逆现实，应该吸引城市中的人回到乡村，将土堡打造为"民宿"，在不破坏现有形制的前提下，实现功能更新。也有专家提出，就保护而言，首先应该考虑当地人，人的利益是优先的，只有做到长期发展而不是只顾短期利益，文化遗产保护事业才能够持续发展，等等。

上述建议，已经超越了简单的乡愁情怀，而诉诸国家土地法规、资金筹措模式、专家功能实现等层次。应该说，在越来越深入研究、讨论的基础上，对传统村落保护的思路越来越宽了，为政府制定传统村落保护法提供了良好的基础。在国家立法的基础上，国家、地方政府组织专家开展普查，确认传统村落的级别，分别实施不同层次的激活、保护、开发，才有坚实的基础。

我理解，通过专家学者的普查、认定，得出的结论一定会有利于政府形成健全完备的保护方案和具体操作措施。一方面，对仍然有社群活力的乡村，实施新农村建设规划，改善其经济机制，改建生活设施，改善村民的生活条件，把工作重点聚焦到提高农业产业框架基础、为居民提供更好的生活环境、增强村庄文化意识、保存农村聚落特征上来。另一方面，为有着特殊文化传承却逐渐凋敝，甚至失去社群活力的乡村，探索一套完善保护的工作模式，形成一种工作机制，并得到国家法规政策的支持和保障，包括土地规划、投资体制、严格的环境保护，建立严格的农民参与机制等，为保留故乡记忆、记住我们的乡愁，留下一系列艺术博物馆、乡村技艺宾馆，产生具有独特价值的"乡愁符号"。

　　作为"中国民间文化遗产抢救工程"的重要项目之一，《中国历史文化名城·名镇·名村丛书》正是通过众多专家学者和民间文艺工作者辛勤的田野调查工作，在中国民协推动的"中国传统村落立档调查工程"所积聚的海量信息基础上，多学科、多视角地反映当下古城古镇和传统村落现状，发掘传统文化的独有魅力，进而为保护和传承优秀传统文化积累鲜活的素材，汇拢丰富的经验并寻觅科学的路径。相信这套丛书的出版将对古城古镇和传统村落的保护发挥积极作用。

2017 年 3 月

（作者系中国民间文艺家协会分党组书记、驻会副主席）

中国民间
文化遗产
抢救工程
THE PROJECT TO CHINESE
FOLK CULTURAL HERITAGES

中国历史文化名城·名镇·名村丛书

留住乡村 留住乡愁 留住农耕文明（序二）
程健君

　　几千年的中原农耕文明，给我们打下了关于乡村的深深烙印：神秘的山林，宁静的荷塘，皎洁的月色，稀疏的篱笆，蓝色的瓦屋，高大的牌坊和威严的祠堂，连通各家曲径幽深的小巷，还有小巷中不知被多少代人踩得明光发亮的石板路，村旁的水井和辘轳，村外无际的原野和庄稼……这就是乡村，一个让人梦牵魂绕的地方。

　　乡村是闲适的、恬淡的、舒缓的。百姓们在这里春耕夏种、秋收冬藏，熬过酷暑严冬。在这里听林中鸟唱、塘中蛙鸣；星夜里可仰望天山的牛郎织女，瓦屋下有村姑织布纺花；一代代村民在这里休养生息，婚丧嫁娶，度过喜怒哀乐，创造着属于他们自己的信仰、崇拜、伦理、亲情，创造着他们自己的文学和艺术，培养着自己的审美情趣……这就是乡愁——一个民族渗透在心灵中的传统，一种穿透进精神深处的根脉。它是历史的凝结、文化的本色、情感的归依、精神的家园，它是乡村不灭的灵魂。

　　河南数以万计的乡村聚落，见证着几千年的华夏农耕文明，是优秀历史文化遗产的集中体现，是人类共同的精神家园。我们并不苛求快速的现代化进程中能原汁原味地将所有传统村落保留下来，我们也无权剥夺人们享受现代生活和改变生活方式的权利。但现代化进程并不意味着要丢掉传统，丢掉文化，更不意味着要丢掉人们魂牵梦绕的乡村家园。

乡愁在哪里，乡愁就在青山绿水的村野，在炊烟缥缈的乡村百姓的"民间日常生活"中。现在的乡野，我们所看到的一些被保留的古村落，多数是一些即将坍塌扭曲的老建筑。村落里留下的一些传统民居中，多是留守老人，实际上是一个又一个"文化的空巢"，没有了"民间日常生活"，丢失了乡村的灵魂。中国传统村落的保护，已经到了"魂不守舍"的"最危险的时刻"。留住传统村落这个"舍"，才有守住传统村落"魂"的可能。

保护好传统村落，对于建设美丽中国，建设文化强国，传承中华传统文化，增强民族自豪感和心灵归属感，提升国家文化软实力和国际影响竞争力，都具有重要的现实价值和深远的历史意义。

留住家园，留住乡愁，不应当只是一部分专家学者的呼吁，而是我们这一代人的历史责任。中国民间文艺家协会会同中国摄影家协会紧急启动了"留住乡愁——中国传统村落立档调查"工程，

这是中国传统村落遗产保护的一个历史性伟大的文化工程，是全国广大文化工作者出于民族的、文明的、知识的、道德的良心，所担负的中国文化史上的又一重任。《中国历史文化名城·名镇·名村丛书》是由中国民间文艺家协会承担并在全国组织实施的"中国民间文化遗产抢救工程"重点项目之一，也是"留住乡愁——中国传统村落立档调查"的阶段性成果。

河南历史文化悠久，历史文化名城、名镇、名村众多，仅已经被公布的前四批中国传统村落就有124个，公布的前五批河南省传统村落796个。河南传统村落历史文化遗存量较多，体现了河南乡土传统文化的博大厚重。为更好地弘扬中原传统文化，加强对历史文化名城、名镇、名村的保护和规划建设管理，保存和延续文化遗产的真实历史信息和独特价值，有效保护和利用不可再生的历史文化资源，根据《中国历史文化名城·名镇·名村丛书》编纂方案要求，我们筛选了两个具有河南农耕文明典型特征的国家级传统村落——豫北一斗水村和豫西南吴垭村作为先期试点编撰。为了完成这项浩大的工程，数以百计的民间文艺工作者和高校专家学者以及大学生志愿者为主体的保护队伍长期活跃在乡村田野第一线，将村落散落的民间文化资源集中起来，寻找其历史线索、历史脉络、历史轨迹，发现地域文化的创造力、想象力、影响力以及局限性，为保护我们的家园，守护乡村的灵魂，做出了不懈的努力。

中原文化博大精深，浩如烟海，编撰《中国历史文化名城·名镇·名村丛书》河南卷，在如此广泛的领域和众多学科中，对河南传统村落文化资源进行大规模的田野调查、挖掘和整理，一定会留下许多不足和遗憾，需要我们认识和纠正，敬请各位方家和读者批评指正。

2018 年 6 月 12 日

（作者系中国民间文艺家协会副主席、河南省

民间文艺家协会主席）

中 国 历 史 文 化
名城·名镇·名村丛书

中 国 历 史 文 化 名 村

河南一斗水 | 目录

Famous Villages, Famous Towns, Famous Cities
of Chinese Historical and Cultural Series

The Chinese Famous Historical and Cultural Village
Yidoushui Henan | Contents

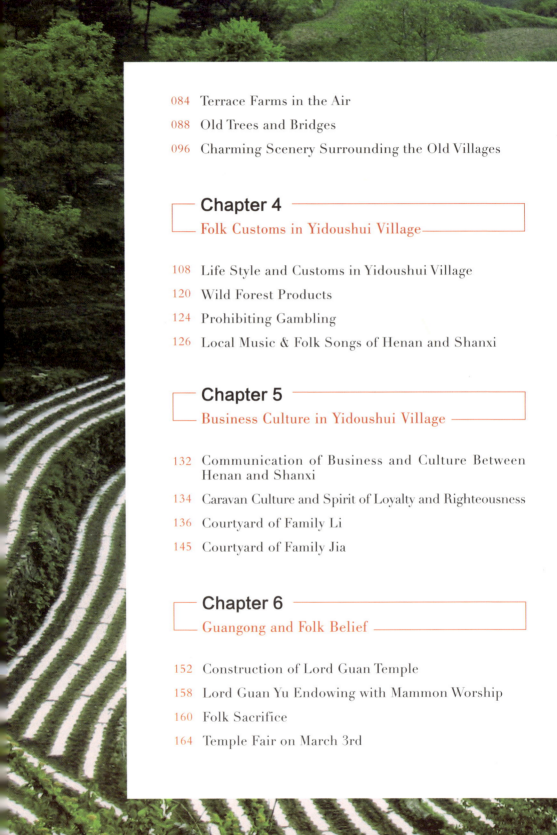

引言　太行有路

　　绵延四百余公里的太行山，呈东北—西南走向，纵跨京、冀、晋、豫四省市，是中国东部地区的重要山脉和地理分界线。其巍峨耸峙、千峰交错、高山断崖、怪石嶙峋、深涧幽谷，蔚为壮观。太行山形势险峻，历来被视为兵要之地，从春秋战国直到明、清，两千多年烽火不息。

　　古道悠远，情怀绵绵。自古以来，一条时隐时现于深山溪畔的古道，都会让文人骚客感喟膜拜，文采飞扬。在豫晋两省的太行山深处，就有着一条奇美幽深的古道，它曾是中国历史上的交通要道，

↓ 横空出世

但现在却静静地隐藏在那里，人们几乎将它遗忘，它就是太行八陉中的第三陉——白陉。

白陉，为豫北与晋南之间的交通隧道。陉（音 xíng），为山之断裂带。白陉名字的来历有多种说法，比较普遍的说法是因其傍白鹿山通过而曰"白陉"。白陉北接山西陵川县东马圪当乡，南接河南辉县西薄壁镇，全长约一百公里。白陉南有雄关曰"孟门关"，屹立于晋豫边界的一座山上，山因关得名，曰"关山"。出白陉南渡黄河，可达汴洛，东向菏泽、大名府，北窥安阳、邯郸，是进可攻、退可守的军事要隘。白陉在春秋战国时期便已存在，迄今已有二千五百多年的历史。漫漫古道，芳草萋萋，白陉沿线残垣古迹留下了许多往昔的记忆。白陉古道两旁存留的遗迹是当年各地商家聚集、洽谈生意的主

要场所，这表明古道不仅是一条军事要道，更是一条商贸要道。

　　白陉古道在河南境内经过修武和辉县两县。修武是千年古县，殷商时称"宁邑"，公元前1046年，周武王伐纣途中遇到大雨，在此驻扎修兵习武，改名为"修武"。秦在全国设立36个郡县，修武是其一。这里是孔子的问礼之地，汉献帝的谪居之地，"竹林七贤"的隐居之地，唐代药王孙思邈的行医之地，百代文宗韩愈的出生之地，名瓷绞胎瓷的发源之地，是一个以史为鉴、建功立业的龙兴之地。修武古县内的云台山风景区，作为全球首批世界地质公园，年均游客630万人，现已成为全国旅游市场中人气甚高的旅游景点。就在这热门旅游景点中，一斗水村，以其千年古村的文化魅力，静静地向人们展示着源远流长、美不胜收的历史画卷。

　　白陉古道从山西翻越巍峨的太行山行进到河南的第一个村子，有一个独特的名字，叫一斗水。它的得名是源于村里的一眼

清泉。村头古道边有一眼神奇的泉水井，存水"一斗"，却取之不尽、用之不竭，是过往行人补水休憩之处，称一斗水泉。一斗水村有保存完好的古道、古村落、古石屋、古石桥、古民居。一斗水村南北走向，绵延近两公里。

一斗水村坐落在山谷之中，四周群山环绕，海拔 1200 余米，风光秀丽，气候宜人，村子恬静而古朴。这个村落里的房屋几乎全用石头筑造而成，傍山而建，错落有致，台阶蜿蜒。放眼望去，石屋的布置别有一番风味，有许多石屋是清代遗留至今的古民居，例如现今已小有名气的李家大院和贾家大院，保存完好，成为建筑爱好者倾慕的对象。古村落里的遗迹丰富，无不引起观者对过往岁月的深远遐想。

2013 年，一斗水村被列入首批河南省传统村落名录。

2014 年，一斗水村被评选为"河南省十大美丽乡村"。

2016 年，一斗水村的清朝传统民居被列入河南省政府公布的第七批文物保护单位。

中国民间
文化遗产
抢救工程
THE PROJECT TO CHINESE
FOLK CULTURAL HERITAGES
SOS

　　太行山延袤千里，百岭互连，千峰耸立，万壑沟深，古代晋冀豫三省穿越太行山相互往来的八条咽喉通道，是三省边界的重要军事关隘所在之地，史称"太行八陉"。其中白陉古道，连接豫北和晋南，横穿太行山，是太行八陉中至今保存距离最长的一条古道。白陉不仅是中国古代一条极其重要的军事通道，在烽火熄灭之时还是一条经济、文化交流的必经之路。在中国经济文化发展史上占有重要地位的晋商，曾在白陉通货东西、交流南北，古道上的马迹人足、泪滴汗渍，使白陉成为一条商道、文脉。

↓ 三百六十度弯道

第一章

太行古道

↓ 古道旁的防护石墙

太行八陉

　　太行山纵跨京、冀、晋、豫四省市，处于中国地形二、三阶梯的分界线。《山海经·北山经》中精卫填海衔石子的地方、《山海经·海内经》中后羿射日的发生地、《列子·汤问》中女娲居住的区域、愚公想要移走的山峰、《淮南子·修务训》中神农尝百草所爬之山都在太行，这些故事充分展现了太行的神秘与沧桑，它也是中国古代文明的重要起点之一，先民对其有着深厚的情感沉淀。唐玄宗在《早登太行山中言志》中描绘了太行的景致："白

↓ 寂静的山村

雾埋阴壑，丹霞助晓光。涧泉含宿冻，山木带余霜。"道出了太行山深沉、清冷的气质。杨威《太行山赋》中"仰兹巍巍，式茂普载之义；沐彼荡荡，用著洪覆之德"，亦道出了太行的自然风光之壮丽，人文涵养之广博。

太行有八陉，即八条东西向大峡谷，连接晋、豫、冀、京，故又称八道。由南到北的太行八陉中，有三陉在河南境内，即轵关陉、太行陉、白陉。《尔雅·释山》中邢昺疏说："山形连延，中忽断绝者，名陉。""陉"是太行山东侧特有的一种地形。太行山东侧山势陡峭，而且多为石质大断层。众多河流不断冲刷着断层，使原有的缺口不断扩大，将太行山割裂开来，形成了众多横谷，这种地形被称作"陉"。古人利用陉的天然地势，不断地加以开凿修筑，使得陉更有利于行走和运输，古道便逐渐形成。晋代郭缘生《述记征》载："太行山首始于河内，自河内北至幽州，凡百岭，连亘十二州之界。有八陉，第一曰轵关陉，今属河南府济源县，在县西十一里；第二太行陉，第三白陉，此两陉今在河内；第四滏口陉，在邺西；第五井陉，第六飞

↑ 古道月亮门

↑ 芳草绿树夹古道

↑ 洪水冲刷出来的石坑

狐陉，一名望都关，第七蒲阴陉，此三陉在中山；第八军都陉，在幽州。"可见，早在魏晋时期，太行八陉就已全部被发掘，而且是最重要的八条通道。

第一陉——轵关陉，起于河南济源市西约6公里处，古代归属轵，进山最后一关为山西侯马市南的铁铃关。山关，为古代在交通险要之处设置的守卫和检查处所；轵为战国时魏城，故址在今河南济源市南的轵城镇，故此陉名曰轵关。轵关陉在春秋战国时期为三晋等诸侯国连通都城洛阳的要道。

第二陉——太行陉，又称天井关、雄定关，起于河南沁阳市西北约18公里处，北上至山西省晋城南的太行关，太行陉阔宽仅三步，出太行陉过黄河南下可直抵荥阳虎牢关。

第三陉——白陉，河南一端在辉县西薄壁镇，山西一端在陵川县东马圪当乡，长度近百公里。白陉是太行八陉中保存距离最长、最完整的古道。出白陉可南渡黄河，东向大平原，北可窥安阳，是进可攻、退可守的军事要道。

第四陉——滏口陉，在今河北武安县之南和磁县之间的滏山，是沟通豫北安阳、冀南邯郸与晋的通道。古人云："由此陉东出磁、邢，可以援赵、魏。"

第五陉——井陉，为古关名，又称土门关，故址在今河北省井陉县的井陉山上。井陉是连通晋冀鲁的要冲，其军事地位十分重要。

第六陉——飞狐陉，也称飞狐口，位于今河北省涞源县北和蔚县之南，两崖峭立，一线微通，蜿蜒百余里。古人云："踞飞狐，扼亢拊背，进逼幽、燕，最胜之地也。"

第七陉——蒲阴陉，在今河北易县西紫荆岭上。岭上有紫荆关，也称子庄关，宋时称为金陂关，元、明以来始称紫荆关。蒲阴陉通达山西大同。

第八陉——军都陉，在今北京昌平区西北居庸山（古名军都山），军都陉有关口，历代有居庸关、军都关、纳款关、蓟门关等多种称谓。军都陉是古代出燕入晋、北去内蒙古塞外的咽喉要道。

↓ 古道隘口

白陉古道

　　白陉古道，连接豫北和晋南，横穿太行山，呈东南—西北走向，
是太行八陉中至今保存距离最长的一条古道，最宽处仅两米左右。
白陉因傍着白鹿山而得名。这座山在河南辉县薄壁镇铁匠庄西边，
白色山峰上*"有石自然为鹿形，远视皎然独立"*。白陉北段古代
处于古孟门县的管辖区域，因此也被称为"孟门陉"。白陉的长度
因起始点和终止点不同、路段不同，历史上有多个说法。一般认为，
白陉南起始于河南辉县薄壁镇，向北达到山西陵川县马圪当乡，有

↓ 古道石屋

近百公里。陵川，为晋南古县，向东即进入晋南汾河流域；出辉县薄壁镇即是豫北大平原。由此可见，白陉在地理、经济、社会、军事上的地位和重要性。

白陉的历史可以上溯至春秋战国时期。据《史记·吴起列传》记载："殷纣之国，左孟门，右太行，常山在其北，大河经其南。"盘庚是商代第二十代君主，为了摆脱王族内部的斗争和自然灾害的不断侵袭，决定带着百姓从"奄"，即现在的山东曲阜，迁往"北蒙"，即现在的河南安阳小屯村，现在被称为"殷墟"。虽然反对者很多，但是盘庚却非常坚持。因为他看中了北蒙的天然优势，东面是孟门要隘，西面是太行险道，北面有常山作为天然屏障，南面有大河可

↓ 故道雪痕

防滑石棱

古道路基

古道车辙

防滑石条

古道新雪

古道马蹄印

拉纤石

供滋养繁衍。这段故事约发生在公元前1300年，可见3000多年前，
孟门要隘的重要性就已经被认识到。《左传·襄公二十三年》称，
"齐侯遂伐晋，取朝歌二队，入孟门、登太行"，记载了齐庄公伐
晋取道太行白陉的史实。根据"入孟门"三个字可以判定，当时军
队取道的地方正是白陉。这件事大约发生在公元前550年，齐侯
因为抓住了晋侯不遵礼制的把柄，先后讨伐卫、晋，所取的"朝歌"
之地，是现在河南淇县，正处于白陉之上。据此推算，这条古道已
有2500年以上的历史。白陉是历代兵家必争之地，谁占据了它，
向西可囊括三晋，向东可挥戈齐鲁，向北可跃马幽冀，向南可问鼎
中原。唐会昌三年，在白陉的终点，即陵川县，发生了唐平刘稹泽

↓ 堵塞白陉古道的石墙

潞之战。说的是唐代的节镇刘稹割据作乱，河阳节度使王茂元马上派兵遣将去天井关围歼叛军，但是不幸被刘稹的将士薛茂卿打败了。皇帝派王宰带着士兵入怀、泽地区，薛茂卿十分害怕，就丢下天井关离开了。第二年，王宰开始进攻泽州，与刘稹交战，然而却没有进展。刘稹乘着战争形势对自己有利，就重新占据了天井关，王宰拼尽全力反击，终于打败了刘稹，把陵川包围起来；接着攻破了石会关，到达了乾河之寨，郭谊杀掉刘稹然后投降了，泽州之乱终被平息。乾河，即白陉古道中之要地。唐平刘稹泽潞之战是"牛李党争"中的重要一战，对整个"牛李党争"结局的走向有着重要的影响。

↑ 古道小花

清代傅弼在《陵川赋》中写道："白陉路险，骏马含愁……强兵立愬，则吾陵形势之堪守也。"写到了白陉地势险峻，是重要的军事据点，并且得到了朝廷的重视。清乾隆二十一年，陵川县令陈封舜在《补修东南路碑记》写道：陵邑在万山深处，遗山先生所云"太行绝顶，俯视中州九千四百八十仞"者是也。而怀在其南，卫在其东，彰在其东北，居人往来，商贩

↑ 草莽掩古道

↑ 夹驴缝

↑ 车过夹驴缝须换成驮子

辐辏，莫不经石脊绝巘，猿投峻壑之区。所恃一线羊肠，惊心触目以达之耳。尤冲要者，自邑之八犊岭，至辉之薄壁镇，或通获嘉、修武，或达淇卫、汴梁，或历彰德以通山左。凡潞、泽两郡，自西北而来者，熙熙攘攘，莫不由之，岂可令人叹悬度之陬乎？前任孙公，曾经修理，利于跋涉。岁久倾圮，重宜整顿。适有好义如徐本瑞、张臣等，议修险阻，持簿捐金，诚善与人同。民之秉彝，当思乐助。伏山峻者凿之，水溢者填之，陡绝者纡徐之，盘磴者坦平之，大碐小碐俱成康庄。数百之内，利有攸往，货殖通矣，食物平矣，居者乐矣，行者如归，亦君子平政之一端也。这段话记载了陵川的地理位置不佳，处在万山深处，因此白陉对其意义重大，清光绪年间的《辉县县志》写道："孟门亦即白陉，古太行八陉之第三陉。山西、河南咽喉。从鸭口可达。明成化元年间设巡检司，弓兵把岁守。清康熙四年裁撤。"可见在明朝时期，朝廷对于白陉的安全状况也是很重视的。

　　白陉不仅仅是一条军事要道，在烽火熄灭之时还是一条经济、文化交流的必经之路。有碑文记载："凡潞、泽两郡，自西北而来者熙熙攘攘莫不由之"，"至辉之薄壁，或通获嘉、修武，或达淇卫、汴梁，或历彰德而通山左"。在中国经济文化发展史上占有重要地位的晋商，在白陉通货东西、交流南北，古道上的马迹人足、泪滴汗渍，使白陉成为一条商道、文脉。

　　百姓对于白陉的利用率也很高。在兵荒马乱的年代，抑或是洪涝、蝗虫等自然灾害暴发时，百姓便会挑、提、扛、拖，通过白陉走到更远的地方去避难。于是白陉古道旁，河南地区多山西移民，

↓ 白陉关口遗址

防护石

驿站外墙

牲口圈遗址

可走马车的古道

旅舍残垣

六月雪，当地人称之为"秃桑稼"

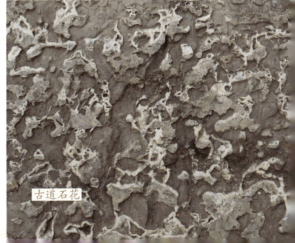
古道石花

山西地区亦有河南移民，即使到了今天，沿途不少地方河南话和山西话相夹杂，豫剧腔和上党调相交响；这里的河南人总是有几个山西的亲戚，山西人也总要到河南串串门。这种互相影响、互相融合的现象虽然奇特，却也十分和谐、温馨，河南的白面馍馍、烩面条、玉米面糊糊，上了山西人家的餐桌；山西的拉面条、饸饹面、老陈醋也成了河南人的家常便饭。

宋代诗人徐范有《上太行》，诗曰：

路绕羊肠蹑屐跻，万山青碧总堪题。
举头日月中天近，极目乾坤五岳低。
自笑盐车骐骥厄，谁怜荆棘凤凰栖。

↓ 古道上较为平坦的路段

欲投古寺禅房宿，喜见僧归落日西。

这首诗写出了太行古道贩盐之车往来运输的情景。虽然不能确切地说明就是发生在白陉古道上，但是古道狭窄、崎岖以及分布有古寺禅房，与白陉还是十分符合的。具体到白陉的描写上，宋代诗人岳珂在《玉唾壶》中写道："盐车辘辘逾太行，夜然枯草昼服箱。"岳珂出生于河南安阳，如果西去太行山，白陉是路径之一。

金代秦略写过一首《谷靡靡》，诗曰：
谷靡靡，青割将来强半秕。
急忙春米送官仓，只恐秋风马尘起。
官仓远在莜麦山，南梯直上青云间。
梯危一上八九里，之字百折萦回还。
凭认说向监仓使，斛面莫教高一指。
请君沿路看担夫，汗颗多于所担米。

诗作者秦略是陵川人，陵川正是白陉的北起点。诗中"官仓远在莜麦山，南梯直上青云间"明确指出了在金代白陉古道上运输官粮的史实。"梯危一上八九里，之字百折萦回还""请君沿路看担夫，汗颗多于所担米"写出了白陉古道依山而上，九曲十八回，攀登艰难的特点。

古道沿途的风景也可谓雄伟奇崛。站

↑ 白陉古道进山之路

↑ 回头望，关山重重

在古道上凭高远眺，群山起伏不定，远近相宜，或浓或淡的绿色片片铺陈开来，让人不禁感叹"无限风光在险峰"。陡峭的崖壁犹如刀劈一般，由于缺乏泥土的覆盖，裸露的石块都显现出石头本来的颜色，红的、黄的、黑的，斑驳不一。道旁的树木郁郁葱葱地生长着，种类繁多，姿态万千，展现着旺盛的原始生命力，有的地方甚至已经挡住了去路，需要用手拨一拨才能继续前行。山里的天空湛蓝，空气清新，使得阳光也显得十分干净。然而行走在古道上完全不用担心日晒的问题，茂密的树木是天然的屏障。望着满目险怪苍翠，听着满耳虫鸣鸟吟，不禁让人心旷神怡，逸兴遄飞。

↓ 白陉古道出口之一——薄壁

七十二拐与七十二弯

白陉古道说远一点，北起上党地区的高平、大阳、米山等镇，东南经石末、陵川县附城、西河底，翻岭脊到丈河，与长治荫城、陵川平城的商道会合于夺火古镇，然后从古镇出发东南下，过军寨后，一路走勤泉到云台山大瀑布路工坡进河南；另一路走岭上箭眼山入河南一斗水村，然后穿过高山草甸，翻越太行山最后一道天险"夹驴缝"七十二弯下到中州平原，在铁匠庄村休整后于薄壁镇卸货。一部分山西货物就地销售，一部分继续沿东南获嘉县城过黄河柳园口去开封经皖苏直到江浙。所谓太行八陉往往不仅是一条道，几乎每一个陉道都有主路、辅道、岔道，甚至还有岭上和沟底道的区别。其中的青口古道更多的是白陉古道的岭上路。青口古道形

↑ 古道之冬

成今天的规模，和高平赵家在清朝中后期的修缮有极大的贡献。目前所说的云台古道主要有三条，即百家岩古道、横河古道和古石道，而古石道（修陵官道）是一条早已被废弃的古代商道。

白陉古道有两个"七十二"弯拐，一个位于晋豫接壤的双（碳）底村的七十二拐，白陉呈"之"字形盘旋而上，一百八十度的急拐

↑ 像海螺一样的弯道

↑ U字形弯道

↑ 近似直角的弯道

弯有七十二处，路面全部用石头铺成，两米多宽，骡马队、独轮车都可行走在上面；一条位于一斗水向南的七十二弯，也被当地人称作"七十二碿"。《康熙字典》写道："碿，瓦石洗物也。""碿"，用于形容地形，就是指悬崖经过千万年风吹雨打，表层垮塌后形成的纵向深沟。这样的"七十二"弯拐古道一圈一圈地转下去，走下来也是颇费周折。这段路谷深山高，地势险峻，从山底向上望去，犹如天梯直达云霄，可见当时修路难度之高、劳动量之大。古道漫长回旋，有些路段地势陡峭，走起来十分消耗体力。辅路石块被打磨成了长方形条块，虽然宽窄不一，但是表面却也平整光滑，看得出制作得很精细。

该弯道从北向南呈"之"字形下山，宛如从云端而来，惊险而刺激；若从南向北行进，则困难重重，没有一定体力是难以爬上山顶的。从山下遥看，出口在山顶似通往仙山，原来山两侧全是断崖绝壁，仅存一条小路。古道是人们根据山体地形，一点点或填充或开凿，然后铺上石块压实的。有的地段下面还用大石头做地基，保证了古道的经久耐用。古道上下坡的地方每约1米都设有突出的横石条，宽约10厘米，高约5厘米，这些石头起到了刹车的作用：当骡马上山时，如果需要暂时停下来休息，抑或一时腿软，货车会被突出的石块拦住，不会让骡马被货物拖累滚下山坡；在骡马下山途中停住时，货车也不会顺着地形一直下滑把骡马推下山去。古时的骡马队是很长的，一个骡马出事，很可能会影响到很多骡马，因此这些石块的设置是十分必要的，它们有效地保障了车队的安全。古道旁边险要的地方还竖立着约半米高的石头，上面有斑驳的勒痕，可以看出这是当年拴骡马的地方。道旁偶尔还能见到相当宽阔的区域，在面向山崖的那一面，摆放着三四块大小不一、顶部平坦方正的巨石，以防不测。

↑ 荒草掩古道

↑ 太行花

白陉古道宛如一条优美的飘带在高山险壑间穿越，从山西抵达河南时，崇山间，古道旁，竟然有一个取之不尽、用之不竭的一斗见方的泉眼，人们称之为"一斗水泉"。特别是明清时期，一斗水村一度是青口古道（白陉）较繁盛的独具特色的驿站。从目前保存的气势恢宏的关帝庙、精雕细琢的古院落等各种历史遗迹，仍可以深切地感受到当年这里繁盛和浓郁的商业气息。

↓ 房屋与梯田相依

取之不竭的
"一斗水"

"一斗水泉"与"一斗水"

　　第一次听说"一斗水村"的人都会对这个名字产生浓厚兴趣。其实，它的得名确确实实是因为这里有一汪清泉。这一汪清泉就位于千年古道白陉的道边，在村子的西北头。井旁碑文记载："白陉在南太行的铁匠庄青口入山四十里处镶嵌着一汪清泉，深二尺有余，如斗粗细。"这是说泉得名于直径"如斗粗细"，故名"一斗水泉"。

　　这汪清泉，一次只能取水一斗，随取随涌，取之不尽。过往的军旅或商客都要在此歇脚、饮水，逐渐便有了茶棚、旅店，久而久之便形成了村庄，取名一斗水村。至今，在一斗水泉西边，

↓梯田

仍然有十几间废弃的石头屋，高高的石头墙仍然伫立在那里，布局严谨。村上人说，当年这就是因泉而建的驿站和商铺。井泉边上有一个石佛龛，还有一个长约 40 厘米、宽约 30 厘米的石碑——《重修清泉碑》，记载了唐代大中年间一斗水村村民共同集资修建古井泉的事迹。

↑ 一斗水泉碑

现在修武县对古泉进行了修缮，建亭修井。围着水井用青石板修建了一个每边长为 50 厘米的六边形井台，并且在井台的外围雕刻了文字："竹，潇洒一生，

↓ 唐代重修一斗水泉碑

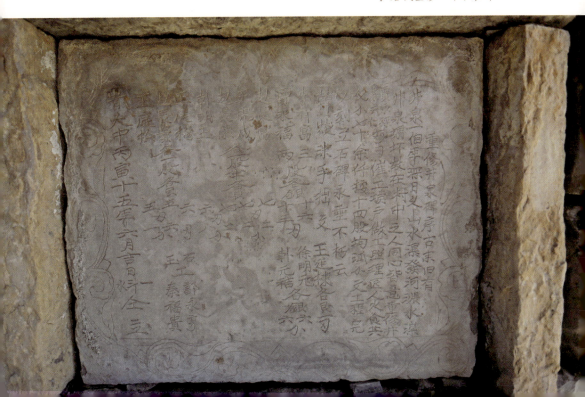

↑ 山脚下，古道旁的一斗水泉亭

筛风弄月；兰，孤芳自赏，空谷幽兰；菊，凌霄自行，不屈炎势；梅，剪雪裁水，一身傲骨。"并且雕镂了相应的竹、兰、菊、梅的图案。梅、兰、竹、菊被称为"花中四君子"，它们象征着君子清高雅淡的品质，在古井泉旁边写这些文字，是对古井泉品格的赞美，古井泉取之不尽、用之不竭，孕育着一斗水村的万物。雕镂的相应图案，寓意吉祥，是对古井泉和一斗水村的美好祝愿。人们还专门

↓ 当代重建的一斗水泉亭

制作了一个圆形的木头井盖，村民取水的
时候才打开井盖；趴在井沿上还能看到洌
洌清水，井台可以保障泉水的洁净，还能
避免鸡鸭等掉入井中。

罩着古井泉，修建了一座六角亭子。
亭子的上方正对着村子的方向挂了一个
"一斗水泉"的牌匾。亭子高五六米，
四周用六根三米高的柱子支撑，每根柱
子上面镂雕了活灵活现的龙，下面是几
种惟妙惟肖的小动物；亭子的顶端类似
塔尖，亭面用琉璃瓦整齐地铺展开来，
飞檐翘角缓缓向四周舒展开来，像灵动
的翅膀；每个翘角顶端栩栩如生地雕刻
了三只小兽，眺望着远方。可见，亭子
的设计十分优美精致。亭子下面还设计
了供行人休息的石凳，闲暇时，村民经
常坐到石凳上闲聊村子里发生的新鲜事；
农忙时节，村民们耕作归来路过古井泉，
也可坐下来喝水休息。古井泉的水甘甜
可口，现在附近的一些村民还会到古井
泉打水。亭子靠山的一侧还垒有石墙，
是为了预防暴雨时山上滚落下来的石头
砸到古井泉。一斗水泉亭守护着古井泉，
守护着一斗水。

↑ 村民在井泉上加了盖子

↑ 泉水被引到水囤里

因泉而起的村庄

　　一斗水村，位于河南省修武县北部太行山区的云台山镇，处于河南省和山西省两省深山之中的交会处，与著名景点茱萸峰相隔仅五公里。一斗水村有着两千多年的发展历史，白陉古道穿村而过，一斗水村仿佛是白陉这条飘带上的一个盘扣。这是一个群山环抱着的村落，在蓝天白云的映衬下，美不胜收。青山绿树，古朴的石头房，偶尔传出的孩童们的嬉闹玩笑声，耳畔时时传来叽叽喳喳的鸟叫声，偶尔夹杂着鸡鸣狗吠……似乎进入了与世隔绝的桃花源中，沉浸其中，心情也开朗起来，平静许多，仿佛体会到了陶渊明先生

↓ 藏在大山褶皱里的山村也有局域网

《桃花源记》中的情境："复行数十步，豁然开朗。土地平旷，屋舍俨然，有良田美池桑竹之属。阡陌交通，鸡犬相闻……黄发垂髫，并怡然自乐。"

一斗水村海拔一千多米，相对平原地区温度较低。村子占地面积约9.7平方千米，耕地面积2.55公顷，有近六十户人家，两百余口人。村子从最南边到最北边大约两公里，河谷南高北低，落差很大。古道沿河修筑，居民房屋错落布局在河谷与古道两侧地势相对高的地方，从南到北依次是一斗水亭片区、里边店片区、关帝庙、外边店片区，民居大都为具有上百年历史的石头房，房内冬暖夏凉、干净整洁。村落四面环山，主要有牦牛山、桦尖山等，风景如画。白陉古道穿村而过，一部分被民房和农田占据。除了古道，村子通往外界的另一通道是二十世纪七十年代至八十年代修建的穿过叠彩洞的武陵公路，进村有两个入口，一条直通村中央，一条通村南头。

由于与外界的沟通相对较少，村子的自然环境保留得相对较好。受地形构造和气候的影响，形成了一斗水村独特的自然

↑ 村碑

↑ 导览图

↑ 古石桥将分散的农户连接起来

古驿站今农家乐

新铺的村道下面是穿村而过的白陉古道

关帝庙居于一座小山包上，可以俯瞰全村

一斗水顺沟而建，这是"外头店"

新铺设的村道

指示牌

千年古柳
一斗水泉
黄老潭
生花葶神女洞
祥和家园

山乡三合院

石墙柴瓦

风景，群山陡峭，并且多种树木覆盖，春夏时节，满山苍翠，郁郁葱葱，五颜六色的花儿争先绽放，景色十分优美；秋冬季节，尤其是下雪的时候，整个村庄银装素裹，镶嵌在云台山上，形成别样的景观，成为云台山深处一颗璀璨的明珠。

↓ 柿树随处可见

↓ 梯田里很少看见有人劳作

因古道而兴的客栈

　　一斗水泉旁，一条青石铺成的古道从村中穿过，这条古道宽约两米，路面全部用青石条、青石板铺成，在崇山峻岭间蜿蜒盘旋，气势雄伟壮观。

　　受地势的影响，古道大致呈西北—东南走向穿过一斗水村。顺着古道向北走，就来到了古井泉——一斗水泉，一斗水泉的旁边有一个水坑被称为"两口泉"。在村子的西北角有一个"神女洞"，

↓ 高墙围护的贾家大院

↑ 房后的古道遗址

↑ 李家大院实际是四面封闭的驿站

↑ 两层楼房紧邻古道

其得名于洞口一块形似仙女的钟乳石，现在钟乳石上面的"仙女"被盗走了，只剩下底座了。顺着长长的古道，经过李家大院和贾家大院，就来到昂然突起于两谷之间的关帝庙。跨过石拱桥，穿越在村中，由于后来古道的作用降低和修路，其中一段被民居截断；绕过这处民居，顺着河道一直向南，除路基遭到一些破坏外，古道路线基本保持完整。出村继续向南，萦回上山，气势恢宏的"原生态"古道再次呈现出来。

自从山西侯庄赵家把青口古道开通以后，一斗水村因古道贯村而过，成为从山西陵川进入河南修武的第一个村，是上下青口古道的咽喉，因此成了商家或官家的重要驿站和客栈，也是兵家必争之地。特别是侯庄赵家把一斗水村作为自己商队休整的根据地，带动了一斗水村的商业发展。其中里头店、当中店、外口店、后庙铺、物铺、店场上等店家，形成了住宿、车马补给、货物中转等一系列完整的服务体系。特别是明清时期，一度是

↑ 坍塌的古道

↑ 一斗水当中店正北是关帝庙

↑ 一斗水村分为三部分，即俗称里头店、
　当中店、外口店

青口古道（白陉）最繁盛的时期，随着一斗水村的商业鼎盛，商家们在此居留时都要敬一扁担、拜一下关帝。后来，由村里几家大的店铺带头，村民集资，过往行商募捐，筹得大笔款项，在村中间的山坡上建起了一座关帝大庙，善男信女争相供奉，过往客商顶礼膜拜。关帝大庙落成后，办了一次盛况空前的大庙会，请了山西、河南的名角，唱了十五天大戏，当时的热闹景象可想而知。关帝大庙见证了一斗水的繁荣。

↓ 穿村而过的古道

记录历史的碑帖

一斗水村古碑众多，其中关帝庙内外有碑石十余通，院内正殿阶下的六通碑时间较为久远，大多字迹漫漶。仔细辨认，可知此庙原为玉帝庙，乾隆三十年改修成关帝庙。院外影壁两通石碑，因建有碑楼保护，且时间较晚，字迹清晰可辨，从中可知此庙代有修葺，最大的一次重修，迄于道光二十年（1840），止于咸丰四年（1854），长达十五年。

在前院正殿墙上，镶有三块石碑，其中一块为《补修关帝庙西陪房门楼碑记》，落款为同治三年（1864）。碑文除叙述补修之事外，另记乡社对赌博的惩戒，也很有趣。

关帝庙的庙前立有两块龙凤碑，约两米高、半米宽，左侧为凤碑，右侧为龙碑。由于年代久远，左侧的凤碑已经倒塌，碑文内容无法得知。右侧的龙碑保存得比较完整，碑文如下：

修邑东北路离城九十里一斗水村，旧有关帝圣庙三间，碑记所载创修于乾隆三十年，重修于嘉庆元年。玉帝庙、山神庙、

↑ 地业碑所在房屋

↑ 关帝庙（修缮前）

↑ 关帝庙碑墙

关帝庙碑墙

关帝庙碑墙（左）

清代地业碑

清道光功德碑

关帝庙碑墙（中）

关帝庙碑墙（右）

关帝庙新碑

龙王庙残址（豫晋交界处）

龙王庙遗碑

龙王庙创修之日固不可考，牛马王高媒祠神庙创于乾隆四十四年，迄今八十余年，风雨摧崩，神像脱化。居是乡者同心向善者捐纳重修，自道光二十年开工又创修戏楼五间，此处原系山野之□器石成房，甚矣，独力之艰难也。兴是，每年按粮食捐纳钱文，兴工至今数十余年矣。又创修正殿西两耳房二间，东西看棚楼六间，又重修西陪房十二间，一且金粧圣像创修神路大门外门楼影壁。功成告就，勒石著文，以为永远不朽云。（下为主事者及捐纳人员姓氏，略）

童儒杜振环，大清咸丰四年岁次甲寅十二月十五日。

木□作：宋信，程广涣；石画匠：宋金银，李华年。

主持侯元安徒田明伦孙林自主。

↓ 清咸丰四年重修关帝等庙宇碑（碑头）

　　从碑文中我们可以了解到，整个关帝庙经历了不断扩建、重修的过程，关帝圣庙、牛马王庙、戏楼分别建于乾隆三十年、乾隆四十四年、道光二十年，而玉帝庙、龙王庙已没有遗迹可考，山神庙应该是指庙外向南五十米处的小山神庙。由于风吹雨打，神像脱化，同乡村民分别于嘉庆元年、道光二十年对关帝庙进行了重修与扩建。在这个过程中，同乡中善良淳朴的村民和过往的客商捐纳了许多钱财。由于一斗水村处于山区，道路崎岖，交通十分不方便，修建关帝庙只能就地取材，修建起来困难重重，凭一人之力难以完成。正所谓"一人拾柴火不旺，众人拾柴火焰高"，尽管生活贫困，但村民们同心协力，每年都会按粮食收成捐纳钱

↓ 工作人员在拓碑

文，工匠们也从不敢懈怠，兢兢业业，伐木采石，尽心尽力地修建关帝庙，历经十余年，耗费了大量的人力物力，终于在咸丰四年重修完毕。

龙凤碑雕刻得十分精美，碑头最上方为王子乔驾仙鹤图。王子乔是汉族传说中的神仙，是黄帝的后裔，东周灵王姬泄心的太子，本名姬晋，字子乔，世称王子晋或王子乔。在道教中，王子乔被封为"右弼真人"，统领桐栢山。相传他喜吹笙作凤鸣声，曾经游伊洛，偶然遇到道人浮丘公，并将他接引至嵩山，传授他修炼石精金光藏景录神之法，三十余年后，家人见王子乔在缑氏山，乘白鹤升天而去。汉代刘向在《列仙传·王子乔》中详细记载了这一故事："*王子乔者，周灵王太子晋也。好吹笙作凤凰鸣。游伊洛之间。道人浮丘公接以上嵩山。三十余年后，求之于山上。见桓良曰：'告我家：七月七日待我于缑氏山巅。'至时，果乘白鹤驻山头。望之不得到。举手谢时人，数日而去。*"碑刻上的王子乔身骑白鹤，面朝东方，神态安详，衣袂轻飘，仙风道骨跃然而出。白鹤体态优雅，双腿蜷曲，张开翅膀，十分温顺可爱。在王子乔左侧有一只麋鹿，麋鹿踩着一朵祥云，头微微扬起，亲昵地去蹭王子乔的身体；右侧是一个小童子，胖乎乎的小脸，扎着两个小辫犄角，憨态可掬。在王子乔驾仙鹤图的下方，刻有"萬善"二字，在"萬善"两字的旁边，横卧着两个不知名的小兽。在小兽的外侧，有两条体态矫健、腾云驾雾的龙；在龙的周围有两朵牡丹，花瓣硕大，尽显雍容华贵的姿态。在碑头与碑文之间，雕刻的是六瓣小花，形状酷似太行花瓣，在花团锦簇的中间，左边有一只直立的猿猴，双手捧了一朵娇艳的六瓣小花，右边有一个人，左手抚在石块上，右手高高举起，似乎是在雕刻什么东西，又似乎是在凿石开山。在碑文的两侧，刻的是"八仙过海"，左右两侧基本对称，每侧有四仙，并有五瓣花、青鸟、多瓣花、神龟和祥云等纹饰，纹饰脉络清晰，栩栩如生。碑文用楷体篆刻，方正有力，线条流畅，字迹清晰。整个石碑雕刻细致，纹饰精美，保存较为完整，具有很高的历史文化价值。

一斗水村里有记载年代最久的房子，是山西陈姓商人陈东陪房，按照碑文推算，房子已经有250年了，而且这个时间也与这里因晋商而兴起找到了事实依据——山西陈东家施业碑，碑文如下：

山西陈东家施业碑记

立施业人山西省泽州府巡抚部院陵邑更新厘八甲神山头村国子监生陈景义，在此村庄开设生理今有五世。上古旧有天地山棚会，每年正月十五六日上会撒灯敬神，因房屋不便，陈东家思念，今将东楼三间四至开明：前至大路，后至滴水，南北俱至伙墙。四至以里出入通行。今将此房情愿施入于仪孝令名下，永远为业，同社首中人言明说合，陈姓得过修理大钱卅五仟文，即日价业两清，粮糟之事陈姓封纳，所有房屋陈姓收稞居住，遂便三面皆通，永无追悔。恐后有错，刻立石碑，永垂不朽，是以为计耳。

修邑儒学佾生韩焕沐手撰文书丹

本村玉工李成易

维社：首，董振荣、李添仁、董振山、韩元祜、徐忠、李添忠。
中，董永礼、韩炳、徐明元。

仝证

大清宣统三年冬月吉日外社公议仝立

清代功德碑　　　　　清道光三年碑（关帝庙）

民国四年重修东楼碑记

清咸丰四年重修关帝等庙宇碑（局部）

清光绪重修龙王庙碑

一斗水村龙王庙碑

从河南省焦作市的修武县沿武（陟）—陵（川）公路盘旋而上，穿过云台山主峰——东黄峰，向北再走五公里，出了叠彩洞第十八号洞后有一个岔道，沿水泥路往下走一公里多，便到了一斗水村。一斗水村是太行山深处的一个小山村，村子周围有南大山、华尖山和牡牛山三座大山环绕。路绝壁幽就已显示了一斗水村民战天斗地的精神智慧和力量。

↓ 用"洗"过的石块砌内墙

第三章
一斗水风貌

人在房上走

一斗水村四周崇山峻岭，山石卓荦，因处于狭长的山谷，土地十分匮乏，即便这样，村民还是就地取材建造了一座座山峰之上的"玉宇琼楼"，在古道的东西两侧地形较高的地方，建造出适宜人居的石头屋。在地势相对较低的地方，村民们依据地势修筑了梯田。梯田有利于减少水土流失，增加粮食的收成，并且有很多梯田都是在房子的对面，村民不出村子就可以管理庄稼，十分方便。人们还在不能建造房屋的狭窄地方放了许多蜂箱。因为村民居住的房屋一般地势较高，所以门前都有台阶，台阶的数量因地势的高低不同而

↓ 峰云际会

各异。村子里的主要干道大部分都经过了村民的修缮，在原来石头路的基础上铺上了混凝土。

↑ 远眺一斗水村

这里的房屋依山而建，错落有致。或两三家一处，或六七家一片，房前屋后栽满了树，远远望去，掩映在绿树中的石屋雅致天然。石屋大多规模不大，但天然坚固、易于保存。一斗水村四周的山坡上高大的石崖横陈，像巨大的条石一块块堆砌上去的，有的地方还真像人们砌的石墙。当地人就地取材，将石崖一块块破开，形成四方石块，或大或小，垒做墙壁，经年累月，逐渐形成了多姿多彩的石头村。石头材质虽不及青砖细腻，但一斗水

↑ 藏在山窝里的一斗水村

的古民居绝不是满目粗糙，粗中凿细的石雕技艺在这里体现得淋漓尽致，很多石块均是精雕细琢而成，门窗、橡檐、阶石、栏杆等，无不外形精巧，匠心独具。

其中，明清时期遗留下来的房子有数十间，大户人家选择的是相对整齐的石头，进行精心打磨；普通百姓的石头房子，就地选择石头，然后进行简单处理，使之尽可能地打造成一个长方体，然后顺着石头的形状垒起来。石头与石头之间没有黏合剂，却十分坚固。房顶大都采用青瓦片。屋脊的两侧还雕镂有栩栩如生的小兽，不仅美观，还寓意着吉祥。

屋内房梁一般是用三根或者五根木头建造的，取材于当地的杨

↓ 一斗水村（外头店）

树，非常厚重稳定；石头房的外门一般是木头门，门楼上有一些雕刻了寓意吉祥的词语，现在多已被破坏，门上雕刻了精美的小花，门闩也是木质的，配一把大锁，保障了村民的安全。现在居住的一些村民换成了铁门，不过大部分人家还是保留着以前的木头门。台阶按照地势的不同设有不同数量的台阶。普通人家石头屋的屋门也讲究"门当户对"，嵌在门楣上的标示是用石头做的，下面相对应的是门两侧放置的石头墩子，辟邪消灾，被称为"门当"。

主房的一侧一般会有一个佛龛，窗子是正方形的，一般设在房子的中上方，大小各异。有一部分还是两层的楼房，在院子的一角有用石头垒成的楼梯，方便上下楼。一些院子里还放置着以前装粮食的大缸等传统器物，或者石头制作的石桌和石凳。石头房隔热性好，冬暖夏凉，特别适合夏季避暑。

一斗水村的古石屋展现了古人的聪明才智和匠心，具有很高的建筑艺术美学价值。一斗水村最先落户的人家已经不可考，但村民

古道与屋顶平

一斗水村

房屋大都建在石砌的台地上

用毛石砌的房屋外墙

房屋建在石砌河岸上

阁楼上有门通往平房顶

不用任何粘接材料垒的石壁

↑ 神秘的太行山深处

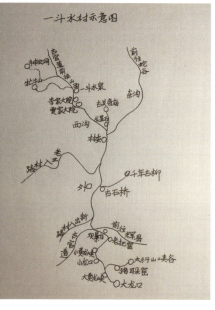

↑ 一斗水村示意图

说，现在所能知道的是董姓的人家。据说董家是做药材生意的，当时的白陉古道还只是一条小路，没有被修缮，他经商经过一斗水村，经常在古井泉的地方喝水、休息，慢慢地发展成做生意休息、停歇的一个中转站，后来他在村子的东南方就地取材建起了第一拨石头房子，现在已经成为废墟，被村民们称为"羊圈沟"。据说董家一共搬了两次家，曾三次在一斗水村建石头房子，最后搬到了现在的董家小院。出了叠彩洞的东岸上现在有一个董家小院，已不再是古代修建的石头房子，经过后人修缮、改造，已经是颇具现代特色的民居了。据说那里还是董家的后人在居住着，依稀可见当时董家的风光。后来村子里来了一个山西的赵姓大户人家，同样是做药材生意的，为了做生意方便，在一斗水村建了一个驿站，后来又建了石头屋。这些都是比较早的石头房子，后来经过几代人的繁衍、发展逐渐形成了今天的一斗水村。据村民讲，里头店是第一个在一斗水村建起的店铺，后来在村子的正中央也建立了一个店铺——当中店，如今当中店的地方仍然是一个小商店，里面有一些日常生活用品以供村民的日常生活使用。另外，在村子的南边和北边分别设立了口店和店场，口店是最后一个古时候的店铺。

一斗水村经历了岁月的沧桑，由一个荒无人烟的山区发展成一个小小的村落，经历过战乱，也曾是商人货通东西、文化交流的中转站，明清时期最是繁荣，来往商人络绎不绝，现在逐渐发展成颇具特色的生态旅游新农村。

↑ 方窗棂

↓ 门环

木雕门框（左）

木雕门框（右）

门包脚

石窗

门楣

石雕

屋脊砖雕

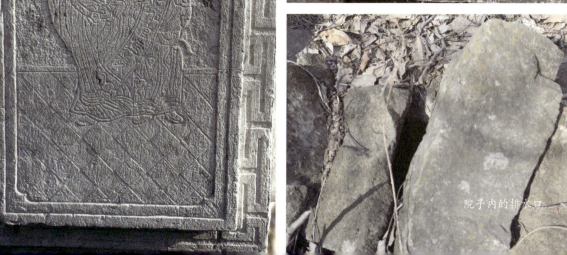

院子内的排水口

↑ 在场光地净的季节才能看清梯田的脉络

↑ 河滩中的小块梯田

↑ 山高田长

空中有梯田

一斗水村群山环绕，山峰多、平地少，石头多、土壤少，世世代代居住在这里的村民为了开垦赖以生存的田地，不得不改造大自然，将山峰改造成可以耕种的梯田。在建造梯田的过程中，由于荒山陡坡石头厚、土壤少，一斗水村民因地制宜，将山里的石头和土壤分离，大块的石头直接打碎，土壤一点点堆积，将打碎的石头在土地外围垒起堤堰，一块块石头紧密贴合，细致工整。建造一块梯田需耗费巨大的人力，建造一块约 115 米长、2 米高的梯田，至少需要 12000 块石头，也就是说，需要人工敲出上万块的石头，并且将这些石头一块挨一块地摆放稳固，就如同建造石头房的墙壁一样细致，马虎不得。这是一种怎样的愚公移山的精神！

一斗水村建造的梯田大小不一，大的梯田一块地有好几亩，小的甚至只有簸箕那么大。有的梯田长约二三百米，绕过山脊继续延伸；有的只是石头缝里一小片土地，只够种几棵豆苗。梯田之间的落差也随着山体坡度发生变化，有的会落差四五米，也就是建造的堤堰要有四五米高；有的邻近民居，坡度较缓，落差还不到一米，梯田的修造因地制宜，错落有致地点缀在山间。

一斗水村附近山峰峭拔，姿态各异，在其上建造的梯田却整整齐齐，用石头垒起的堤堰极为规整，大大小小的石块彼此相依，石块参差不一，从表面看，有的石块有七八十厘米长，有的只有拳头那么大；有的是经过整理的平整石板，也有毫无人工雕刻的石头，依然保持着

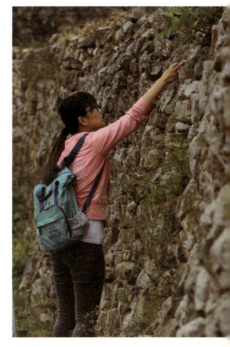

↑ 这一层梯田有一人多高

↓ 阡陌

↑ 锄地

↓ 夏长

原始的姿态。堤堰底层一般放置大石块，其上则是由毫无规则形状的石头垒起来的。这垒起的堤堰，近看石块的排列毫无规则，可是远看却极其规整，像大大小小的砖块垒起来的。这石头垒起的堤堰如同一面古旧的墙壁，有的地方油彩已经脱落，露出灰白的墙体，有的地方还留着当年如水墨般的图画。这堤堰一片是土黄色，一片灰白色，还有一片一片的青黑色。询问过当地人才知道，这些石头梯田并非一朝一夕建成，一块块的石头垒

起来需要耗费巨大的人力、物力，而且在漫长的岁月中，梯田需要时刻修护，有时山洪暴发，冲毁梯田，有时石头自然脱落，都需要重修梯田，在重修的过程中可能会用一些在泥土里裸露出的新石头，也可能会用近处山上的石头，长期埋在土里的石头呈土黄色，山上的石灰岩石头呈灰白色，而并未毁坏的堤堰中的石头由于长期使用已经发黑，故而显得整条堤堰颜色不均，斑驳古朴，看上去如同正在下的围棋，黑白棋子交战激烈，不分彼此，似乎在隐喻着天地之间的奥秘。梯田修护是一个不断进行的过程，在时间的长河里，它从未被废弃，每一条梯田都是悠悠岁月的见证。

一斗水村梯田依山而建，山坡平缓，建的梯田就宽；山势陡急，建的梯田就窄，远远望去，沿着山体犹如一条蜿蜒的长龙。梯田从山脚往上，层层叠叠，有的多达20多层，如同登上云霄的一层层天梯。一斗水村村民在崇山峻岭中勾勒出一幅人工创造的奇观，在大自然最为得意的作品上添上了浓墨重彩的一笔。

↑ 春种

↑ 冬藏

↑ 梯田建在缓坡上

古树与古桥

古树

　　一斗水村里有很多古树，如古柳树、古核桃树、古油松树、古梨树，等等。古树彰显了一斗水村的文化底蕴，而且有一定的生态价值，古树对于美化环境，净化空气有一定的积极意义，同时体现了石头村浓厚的历史厚重感。

　　村民们对古树的保护意识十分强烈，他们对多棵古树都进行了保护，在树身上设置了古树保护的贴牌，上面标注了古树的中文名字、学名、编号、科属、树龄、保护级别、特性等，并设置了专门

↓ 古柳树横亘在古道上

的责任单位、管理单位和监督单位，有些还有专门人员对其进行管理和保护，使得古树得以完好地保存，这给研究一斗水村的自然环境和历史提供了有利条件。

古柳树，位于一斗水村的中央，顺着古石桥往东约 200 米，正对着以前的店铺——当中店，已有 690 年的树龄了，树干特别粗，要好几个人手拉手才能环抱住它，为国家一级保护植物。古柳树经历了岁月的沧桑，记录了附近山川、树木的变迁，见证了一斗水村一代代人的兴衰，仍然屹立在那里，不悲不喜，淡然面对一切。可能是受到长时间雨水的冲刷，抑或受到地形限制的影响，古柳树的树干已经倾斜。为了更好地保护古柳树，使之健康成活，村民们在古柳树倾斜的方向、树干开始分叉的地方修建了一面承重墙，承重墙高约 2.5 米、厚 50 厘米，由大大小小的石块构成，在墙的外侧涂抹了水泥，不仅美观，而且坚固，使古柳树得以屹立几百年。据村民言，这面承重墙已经存在了几百年。古柳树两个主要的树干向着天空笔直地生长，另一条树干沿着古柳倾斜的方向向前生长。在古柳树靠近山体的一侧，村民们搭建了一个小棚子，为了保护根部附近的泥土，垒了一层拱形的长约 5 米、高约 1 米的石头墙，保证泥土不会随雨水的冲刷而流失，从而保障古柳树生长需要的土壤营养。而古柳树脚下也生长了许多不知名的小草，夏季的时候会开不同颜色的小花。在古柳树的一侧，有一个同样是石头砌成的非常精致的佛龛，体现了村民虔诚的供奉。经过长时间的风吹雨淋，古柳树的树干上有些树皮已经剥落，露出了深棕色的树干，虽然生长条件十分艰苦，古柳树依然顽强地生长着。在古柳树旁边还特意修建了一个路灯，路灯下面是一个用树根加工而成的垃圾箱，专门收放

两百年的油松

老柿树

村民讲述老柳树的历史

老核桃树

树包石

树悬石

荫护祖坟的大核桃树

垃圾，以免对古柳树造成污染。春天的时候，古柳树发出新芽，彰显出勃勃生机，让人想起贺知章的《咏柳》："碧玉妆成一树高，万条垂下绿丝绦。"柳絮随风四处飘散，像飞舞的雪花；夏天的时候，柳叶从嫩绿变成深绿，妩媚多姿的柳条在阵阵夏风中浮动，给人们带来丝丝清凉，附近的村民也经常到古柳树下乘凉，聊天；秋天的时候，柳叶已经开始慢慢变黄，并随着秋风慢慢落下，在地上铺了厚厚的一层，风一吹或者走在上面像纸张翻动发出的声音；冬天，古柳树变得光秃秃的，只剩下了树干，最美的是下雪的时候，银装素裹，为古柳树增加了一点儿色彩。待到来年，古柳树又焕发生机，茁壮成长，如此循环往复，四季更替。一些村民喜欢收集柳花，然后作为枕芯再做成枕头，软软的，很舒服，据说可以起到安神催眠的作用；或者折几枝柳条放在家里，可以驱邪避祸，因此村民们都对这棵古柳树很有感情。

一斗水村还有几棵古核桃树，有的长在陡峭的山坡上，有的长在民居旁边，也都有两三百年的树龄了，枝繁叶茂，树皮是灰白色的，表面凹凸不平。村民们人工改良嫁接，也种植了一些核桃树，秋天的时候可以收获许多核桃，皮薄肉大，口感特别好。作为人们比较喜爱的坚果之一，村民通过卖核桃来增加家庭收入；核桃木还适合制作家具和手工艺品。此外，村里有一棵230年树龄的油松树，高大挺拔，

↑ 老核桃树随处可见

树冠呈伞形，树皮呈灰褐色，斑驳得像是鱼鳞。油松树四季常青，并且可以有效地防止水土流失。另一棵梨树也有 170 年的树龄了。虽然这些古树都留下了岁月的痕迹，但是依然在茁壮成长着。除了古树，村民有效地利用当地的地形、地势条件，种植了很多品种的果树，如梨树、山楂树、杏树、苹果树等，由于地处深山之中，昼夜温差大，所以结的果实特别甘甜可口，不仅可以自己食用，还可以通过卖水果增加收入。同时，种植果树还可以美化环境，防止水土流失，有一定的生态价值。

一斗水村有多种植物，如降龙木、鬼见愁树、楸树、秃桑架、红豆杉、崖柏、背韭等。一斗水村有这样一种说法："千楸柏不烂"，形容楸树和柏树材质特别坚固，不容易朽烂。古石屋有很多的门都是用楸树做的，从明清到现在过了几百年，这些楸木做的古色古香的门仍然完好，并且十分坚固。村民还利用楸木坚固的特点制作了一些精美的家具。崖柏生长在深山陡峭的悬崖上，展现了其顽强的生命力，非常稀少，特别珍贵；秃桑架也是一斗水村特别常见的一种植物，村子里随处可见，开有白色的小花，一簇簇，相当炽烈；还用一种被称为"健康树"的红豆杉，枝叶集簇，果实火红火红的，加上茂密的枝叶，在月光下曳曳生姿，很多村民在家里都种植着红豆杉，不仅美观而且有利于防癌抗癌；背韭，生长在太行山里的背阴处，不喜光，因此被称为"背韭"，村民经常采摘食用，具有很高的营养价值。

古树和郁郁葱葱的植物为古村落增加了生机和色彩，具有一定的经济价值、观赏价值和生态价值。

古桥

　　顺着古道往村里走，在村子的中部有一座古石桥。这座古石桥横亘在村头，宛如一幅时代久远的古画，让人产生悠悠情怀。古石桥呈拱形，高约 9 米、宽约 4 米，由 25 块青石组成，拱桥的两侧和上面由大小不一的石块垒成。古石桥建于清代中期。古桥上是用石头铺成的路，也是一斗水村主要的道路之一。 据村民回忆，石桥过去两侧有石栏，雕琢精美，是一斗水村的一面风景，村里来的客人在离村时，往往在此揖别。

　　古石桥见证了石头村的形成、发展。现在小河已经干涸，河底偶尔可见几个小小的水坑，小蝌蚪在里面游来游去，丝毫没有对自己的生存环境担忧，显示了顽强的生命力。河底和两岸有很多植物，

↓ 古石桥

开了很多不知名的小花。1982 年发大水的时候，洪水涨得很高，来势凶猛，大水漫过了桥面，冲毁了桥栏，也冲毁了岸上的部分房屋，然而古石桥却幸免于难，保存了下来。

古石桥经历了岁月的沧桑，见证了一斗水村的发展。

古石桥的旁边是村民们新修的一条通道，贯穿村子的南北，与古石桥交叉。

如今，古石桥成为一斗水村的标志，成为村民心中最美的风景。

↑ 桥洞连着桥洞

↓ 古石桥

村落周边的旖旎美景

云台山　坐落于云台之巅的一斗水村以其千年的历史而引起关注，云台盛景与古村风情内外相连、相映生辉，可谓是云台美景萦绕古村。云台山所在的位置为河南省焦作市修武县内，太行山南麓，河南和山西省界交会处，景区的总面积达 200 多平方公里，包括红石峡、泉瀑峡、茱萸峰、叠彩洞、猕猴谷等几大景点，壮美的山峦配合着奇异的水景，构织成一幅浓墨重彩的山水奇画。云台山主峰茱萸峰海拔高达 1300 米，向北俯瞰太行，群山拱翠；向南眺望怀川平原，千里沃野。云台山地表覆盖了原始次生林，

↓ 雾锁云台山

到处可见蜿蜒流淌的溪流，深邃幽静的沟谷，千姿百态的飞瀑流泉，矗立参差的奇峰怪石，为云台山的壮丽险峻增添了不少迷人的色彩。

云台山在唐代称为"覆釜山"，到了金代，有文献记载开始称为"云台山"，据传因其以山奇著称，山势高峻、群壑万间，并且山壑之间常年云雾缭绕而得名，"云台山"这个名字一直沿用至今。

2004年2月13日，云台山因其所独有的单面山地貌以及其园区内高显可见的断崖飞瀑、幽谷清泉等特殊的地质地貌，被联合国教科文组织评为我国首批世界地质公园。

红石峡　位于云台山景区内，是云台山景区重要的自然景观之一。它的北面是著名的子房湖景区。红石峡峡谷长度约为2000米，宽窄不一，最窄的地方仅数米。峡内自然风景如画，十分秀丽。很多人到云台山景区旅游都会选择到红石峡，去感悟景区内的泉水叮咚，体验"飞流直下三千尺"瀑布的壮丽潇洒，欣赏溪水的潺潺流淌，观赏小潭的清澈静谧。红石峡内瀑布的雄齐壮丽与泉水的幽静以及潭水、

↑ 云台天瀑

↑ 峰林峡

石径通村舍

一斗水晨曦

古道向南通向河南辉县

关隘一道缝

古道向北通向山西

猪耳石

春来一斗水

关公峰

小溪的静谧结合在一起，在这里你可以体验惊险刺激，同时也能感受一种幽静的美，感受大自然的魅力。

茱萸峰 俗称"小北顶"，茱萸峰是云台山主峰，也是云台山的最高峰，海拔 1314 米。因古时候这里漫山遍野长满茱萸而得名；又因山峰峰顶形似一口朝下的巨锅，兀覆在群峰之上，故而古时又被称为"覆釜山"。茱萸峰处于云台山区，此处峰峦叠翠，起伏跌宕，山势各异，有的似雄鸡昂首，有的似仙女颔首轻笑，有的似一支倒立的毛笔，不一而足，令人眼花缭乱。如一轴渐渐展开的水墨画，水墨挥洒，云台山区山势连绵，交相呼应，而到了茱萸峰，便进入极致的胜境。

↑ 茱萸峰

↑ 药王洞

药王洞 走到茱萸峰山腰处就看到药王洞，药王洞深 30 米，直径 10 米，洞口有一棵古红豆杉，高约 20 米，树干粗达三人合抱，枝繁叶茂，树龄已经上千年，历经风雨，屹立至今。唐代著名医学家 "药王"孙思邈从京都长安来到修武，在云台山区采药炼丹，为民医病。他住在被今人呼之为"药王洞"的一个大型山洞内，一住就是八年。他一方面采药医病，一方面收集民间秘方验方，撰写《千金方》巨著，留下了许多动人的故事与传说。

玄帝宫 位于峰顶，被道教信徒称为"北顶"，和武当山的"南顶"相对应。道教传说，真武大帝在云台山修成神仙，成仙后被封镇守武当山，而云台山的玄帝宫则成为其行宫，每年都要回云台山驻锡、显灵，故此宫历来香火极盛。玄帝宫初建于唐代，时称"玄元庙"，经历代扩修复建，形成今天玄帝宫的恢宏气势。宫内的真武大帝铜像身高3.45米，是全国最高大的真武大帝铜像。

云台观 坐落在茱萸峰下的凤凰岭上，云台观除供奉道教诸神外，特侍奉生于修武、终于云台山的道教神仙宁封子。云台观外建有30多米高的重阳阁，极为壮观。唐代大历十才子之一的钱起曾多次游览这里，并写下《夕游覆釜山道士观因登玄元庙》："冥搜过物表，洞府次溪傍。已入瀛洲远，谁言仙路长。孤烟出深竹，道

↓ 大溶洞

侣正焚香。鸣磬爱山静，步虚宜夜凉。仍同象帝庙，更上紫霞冈。
霁月悬琪树，明星映碧堂。倾思丹灶术，愿采玉芝芳。傥把浮丘袂，
乘云别旧乡。"

圆融寺 坐落在云台山西部的吕涧山上，创建至今有 1650 余
年，是河南省境内仅晚于洛阳白马寺的第二座古老佛寺。到北齐高
僧稠禅法师重新整修后，常住僧人达千余之众。千余年来，由于战
火不断，该寺屡毁屡建。二十世纪八十年代以来，随着云台山旅游
事业的迅速发展，投入四千多万元巨资重建圆融寺，依山造势，错
落有致，古色古香，气势恢宏，重现了"深山藏古寺，梵音绕塔林"
的盛景。寺内现有国家一级文物白玉佛一座，明碑一通，还有龙泉、
圣姑泉、古佛洞、伽蓝井、阴阳井、佛图
澄卓锡处等名胜。

百家岩 魏末，由于曹爽、司马氏两
大集团的明争暗斗，致使朝政日渐腐败混
乱，许多有识之士不愿同流合污，只好隐
居山林。嵇康、阮籍、向秀、阮咸、刘伶、
山涛、王戎等隐居名士，崇尚老庄之学，
擅诗文，轻礼法，避尘俗，常聚于竹林之
下肆意酣饮，畅谈时政，故世人谓之"竹
林七贤"。嵇康于公元 242 年把家从铚县
搬到山阳（今河南修武），山阳便成了"竹
林七贤"的聚集交往之地。现在修武境
内所保存的"竹林七贤"遗迹、遗址有：
嵇山、刘伶醒酒台、嵇康淬剑池、王烈泉

↑ 潭瀑峡之水帘洞

石刻、阮籍竹林等。

　　关于"竹林七贤"游百家岩的故事，史籍多有记载。东晋名士孙盛所著《魏氏春秋》和《晋阳秋》是现今学术界公认的记载"竹林七贤"最早的文献资料。《太平寰宇记·怀州修武县》记："天门山谓之百家岩，在县西北三十七里，以岩下可容百家，因名。岩有刘伶醒酒台，阮氏竹林，嵇康淬剑池，并在寺左右。"可知"竹林七贤"所处的地方正是今修武百家岩附近的竹林之中。以"竹林"为称的，最早见于李充的《吊嵇中散》，为《太平御览》卷第五百九十六文部十二《吊文》所引用，其中有"寄欣孤松，取乐竹林"之语，"竹林七贤"寄居河内山阳与文献记载山阳多有竹林相符，可以印证"竹林七贤"伴游的地点。

↓ 百家岩

　　百家岩寺　又名崇明寺，始建于北齐，为北齐高僧、一代佛学大师稠禅师所创建。后经历代屡次复修、扩建，形成了庞大的规模，现为云台山百家岩景区的主要景点之一。

　　在百家岩有一座塔，人们称为"孝女塔"，建于唐武则天垂拱二年 (686)，是我国现存为数不多的唐塔之一。该塔为八角九级楼阁式砖塔，总高 26.15 米，雄伟而秀丽。

　　根据清代道光年间《修武县志》记载，唐武则天时期，获嘉县有一张氏女，她的母亲病入膏肓，她在百家岩偶然听到崇明寺的和尚说："可以以死折寿为母亲增添福寿。"张氏女救母心切，为救其母毫不犹豫地在此殉身投崖而死，她的母亲朱四娘后来果然好了起来，为纪念女儿，建造此塔于崖上，因此得名孝女塔。据考证，此塔始建于唐垂拱三年（687），唐如意元年（692）建造完毕，重新修建于金代。孝女塔外观精巧别致，掩映在一片郁郁葱葱的树木之中，古塔与绿树、清风、流水相伴，多了几分婉丽多姿，构成一道靓丽的风景。在塔的南部有"百家岩孝女塔记"的石碑，真实地再现了孝女塔历经风雨洗礼的沧桑史。2006 年 5 月，百家岩寺塔被国务院公布为第六批全国重点文物保护单位，体现了百家岩寺塔的文化价值和意义。

　　韩愈墓　唐宋八大家之一韩愈之墓位于修武县云台山青龙岭前的韩坡。韩愈，字退之，号昌黎，唐代河南府怀州修武南阳城人。他是唐代杰出的思想家、政治家、哲学家、文学家，被誉为"百代文宗""唐宋八大家之首"。韩愈是河南修武人，为不少历史典籍所记载，更有大量物证。旧修武县城东关建有韩文公祠，祀奉有韩愈神像牌位，神像铁铸，高达九尺，祠内碑碣如林；城北的安阳城也建有韩文公祠,每年有士人举子致祭。而在云台山下的韩坡,屹立的韩愈冢周长约有十二丈许,高约八尺,冢前立有石碑"韩文公墓"。修武县郇封镇后雁门村至今仍保存着韩愈之子韩昶之墓。而县城东关有宋、元、明、清历朝所立的"韩文公故里"碑。修武县历朝《修武县志》记载,韩愈"乃修武人也"。

双龙峡 位于一斗水村东南方,包括大黄龙峡和小黄龙峡。大、小黄龙峡相距不远,且都位于一条河谷上,故当地人将它们合称为"双龙峡"。双龙峡位置偏远,道路奇险,植被茂密,遮天蔽日,且时有野兽出没,少有人烟。即使是当地年过80岁的老者,来这里的次数也不超过五次。峡谷两侧山崖拔地而起,直指青天,山势峥嵘,绝壁重巘,相互对峙,似乎是两军对垒,又像是钱塘大潮奔涌而至,腾起千丈雪浪。人在其中感觉森然可怖,不自觉地以为白日将尽,夜幕将要降临。

↑ 大珠小珠落玉盘

↑ 猕猴谷

↑ 青龙峡

THE PROJECT TO CHINESE FOLK CULTURAL HERITAGES

一斗水具有独特而浓郁的古村特色，因高高耸立的关公庙，使这里的民风更显淳朴和忠厚；因独居深堑老林，村民生活所需的山货野珍也比一般村落更加丰富；因古道的影响，村民有着与一般深山古村的村民不一样的民俗风情。村中那座巨石精雕的古戏楼，使第一次来到这里的人们都会为之震撼：想不到在巍峨的大山深处会有如此精美的戏楼。驻足关帝庙，面向古戏楼，任风呼呼刮过，似乎能听到刘、关、张"桃园三结义"高亢的上党梆子……

↓ 晒粮

第四章

民俗风情

生活习俗

　　民俗即民间风俗，是广大民众所创造和传承的文化现象。它是人们在长期的社会生活中相沿袭的生活及文化活动，是传统文化的基础和重要组成部分。民俗作为文化现象，其内容在不断地变化或扩展着，它是民众的生活策略、民间智慧及知识的结晶。

　　服饰　一斗水村民的衣饰朴素、大方。

　　清代，农民多穿土布，夏穿白布短衫、汗褂（背心）、青布裤；冬穿对襟棉袄，带绑腿系腰带，头缠白毛巾，老人戴毡帽。妇女穿掩襟衣，冬棉夏单。乡绅、官员、富户多穿洋布，春秋大多穿中式长衫，冬季穿皮袄、皮袍。

　　民国时期，变化较大。初期，老年人仍穿土布衣裤，青年爱穿

↓ 千重山峦写丹青

市布。百姓衣着一般是窄衣宽裤，高领短袖，方口、圆口、尖口鞋，妇女穿平底鞋。乡绅喜着长衫，戴礼帽，蹬没脸鞋。公职人员多穿中山服、学生服。

中华人民共和国成立以后，衣着变化很大，布料先后流行斜纹布、卡其布、化纤织品、毛织品、纯棉布；样式普遍流行中山装、青年装、学生服、解放服、工作服。二十世纪八十年代以来，服饰日益多样化，如西服、中山装、夹克服、学生服，各种长短大衣、风衣、长短裙、连衣裙、喇叭裤、牛仔裤、健美裤、筒裤等各式服装。

饮食 一斗水居民以小米、玉米圪糁、白面为主食，兼食其他杂粮；蔬菜以山药蛋、

↑ 父子

南瓜、豆角、红白萝卜为主。千百年来，人们因地制宜，积累了丰富的粗粮细作、饭菜搭配、味道独特的烹调技术。饮食习惯为一日三餐。早上吃小米或玉米圪糁稀粥或玉米面疙瘩；中午吃小米干饭；晚上吃和子饭或喝米汤。随着生活水平的逐步提高，二十世纪九十年代以来，不少家庭早上吃米汤配白面馍、炒菜，条件较好的吃豆浆配油条；中午吃面条、大米、三和面、饸饹、烙饼、包子、饺子等，花样很多；晚饭一般以汤为主。待客饭多为面条、拉面、饺子、大米饭、蒸馍、油条；菜则是肉、蛋、粉条配合各种新鲜蔬菜，不一而足。

　　婚丧嫁娶、生日满月、寿诞喜事，人们都会摆席设宴。宴席分为四盘四碗、四盘八碗、十大碗、八大八小等不同规格，开宴时先

↓ 阳春

上果碟，中间上盘菜，再上碗菜，以汤作结。

节日饭食，也有一定之规。大年初一早上吃饺子，中午吃拉面，晚饭自便；正月十五早上、中午有的吃饺子，有的吃荤菜大米饭，晚上吃元宵；二月二吃油饼；五月五早上吃蒸米、粽子，中午吃凉粉配馍，有的吃烙饼；六月六吃焦叶（面粉擀成面片，切成长方块，折成花样，洒上芝麻，入油炸即可）；七月十五吃细面汤配蒸面羊；八月十五吃混合菜配白馍，或者吃月饼配煮豆角、嫩玉茭；十月十吃油炸糕；冬至吃饸饹；腊月初五吃五豆粥；腊月初八吃煎饼；除夕晚上吃年糕或汤饺。凡过这些节日，当地人都有互相赠送饭菜的习惯，有"邻家碗换碗，亲戚篮换篮"的说法。

↓ 古桥上成了村民闲聚的公共场所

肉焖饭

木耳炒肉片

变蛋

炒鸡蛋

炒粉

粉皮炖小鸡

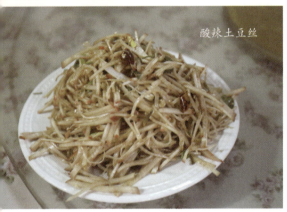
酸辣土豆丝

花生米

猪头肉

炒香菇

烤火盆

盛具

锅缸钉

老缸

磨刀石

板车

柳编篮子

渥酸菜的压缸石

贾家坟地

老人

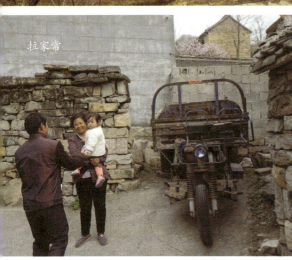

拉家常

老人

露天粮囤

墙龛

门神寄托村民的期望

四海财源通宝地

农家居室

农家乐不再用木柴作燃料了

农家小厨

圈养鸡

占方

串门

侍弄庄稼

风景如画的一斗水村

老家具

留守老人

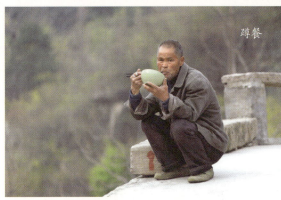

蹲餐

猫洞

山货野珍

↑ 红豆杉树苗

↑ 野蜂箱

　　地处太行山区的一斗水村，在享受着大自然鬼斧神工的同时，不得不面临生产和生活上的不便，多山少水的自然环境、交通不便的地理条件，让一斗水村民将更多的农耕希望寄托于天地。与平原地区相比，太行山区多以种植玉米为主，一年一季的收成与平原地区相差甚远。这就是很多年轻人都不愿意留在山村的原因，因为仅仅依靠农耕，生存是相当困难的。但老天爷是公平的，在给你关掉一扇门的同时，又打开了一扇窗。清新的空气、碧绿的植物，是养蜂人梦寐以求的养蜂场所；遍地的珍贵药材、满目的山珍食材，给了一斗水人另外一片生存与发展的天空。

　　养蜂　走进一斗水村，高低不平的石阶上，到处摆放的都是蜂箱，许多一斗水村的家庭正是靠着这天然无污染的蜂蜜，供孩子们读书上学，培养出了一个又一个大学生。与其他地方养蜂不同的是，一斗水村人坚持"以蜂养蜂"，每年收割一次蜂蜜，并会留下一半给蜜蜂过冬繁殖使用，而不是以白糖喂养的方式进行人工养殖。这也是为什么太行蜂蜜要比一般的蜂蜜贵得多的原因，正是物以稀为贵呢。当蜂箱内的蜜蜂繁殖到一定数量，开始出现新的蜂王时，养蜂人就会打开封盖，让新的蜂王带着雄蜂等出来找自己的家园，这时候养蜂人在新蜂王预计要经过的路线上，会利用筛子套着塑料袋引诱着蜂群在新的蜂箱安家落户。这个过程就叫自然分蜂。自然分蜂的蜂王一旦安置下来，这箱蜂很快就可以成为一个合作集体，可以酿蜜了。

采药　太行山植被丰富、物种繁多，在茂密的荆芥灌木丛中，在山崖上山石风化裸露之处，都有中草药生长。中医认为自然生长的草药要比人工种植的草药疗效好，因此这些生长在原始生态环境中的中药材深受人们欢迎。一斗水村的村民多喜欢上山采草药，以换取酬劳贴补家用。

山果　太行山区盛产山柿子、板栗、山楂。每到秋冬季，山里

↓ 晒柿子

↑ 晒柿子

↑ 制作拐杖

↑ 拐杖

一树又一树的柿子红彤彤地挂满枝头，人们将柿子采摘下来，去皮、悬挂、晾晒、出霜，做成美味的柿饼。那悬挂晾晒起来的柿子如同一面面橘色的彩墙，壮观夺目，已经成为一斗水村多少年延续下来的传统习俗。

雕刻　主要是指石雕和木雕，石雕主要是以雕琢建筑构件为主；木雕主要是以雕琢木料和根雕为主。石雕装饰构件一般分布在祠堂门楼内外及檐廊梁架等处。如李家大院的门楼，它在建筑功能上有特别重要的意义，讲究坚固而又美观、雅致而不失庄重，因此门楼采用了石雕构件装饰，这符合"致用与审美相统一"的工艺观以及宗祠门楼的文化品格。而根雕则是近几年由外传入一斗水村的，且大都是和太行崖柏联系在一起。同时，连翘拐棍也是一斗水村民做雕刻的产物，这种中药材制作的拐杖既可以做上山下山的工具使用，也可以做养身保健使用。

崖柏　华北地区太行山脉岩石缝中枯死的崖柏树根、树干，由于在极端恶劣的环境下生长，并经历崖风之强力吹刮，使其形成了弯曲、灵动的奇特造型，其木质密度高、油性大，有着醇厚的柏木香味，成为根雕、根艺的最佳材料。如今，上等的崖柏越来越难见了。

↑ 崖柏

↑ 山货摊

禁止赌博

在关帝庙中，台阶的两侧分别有三块古石碑，在西边石碑的上方还有一个"水簸箕"，据说下雨时寺院里的水经过水簸箕盘旋流出，像盘龙舞似的，因此又被称为"盘龙水"。但古石碑大多已经字迹模糊，辨认不出，只有其中一块石碑保存得比较完整，刻有《补修关帝庙西陪房门楼碑记》：

↓ 禁止赌博碑

修邑东北路六里三甲一斗水村，旧有关帝圣庙，日以风雨催崩，人人目极而心伤者也。故在社之人同心向善，按捐纳钱文，重瓦正殿三间、西陪房三间、门楼一间。至二月兴工，十月工起，彩画洁净，工成告竣，谢工酧神，故勒石著文以为永远不朽云。……尝思上古浑噩之事，人心朴素，并无嗜赌之徒，如无吾一斗水村等。故在社之人同心公议，永禁赌博，订立社规，嗣后有犯者，响戏三天，违者即刻送官究治，决不宽恕。倘有横逆之人不遵社规者，诬告不赌之人，合社公议抵拒，所费钱文按粮食均派，而莫不各勤其事，以享无事之福也，故刻石以垂永志不朽云。

同治三年十二月十八日。

从这个碑文中我们可以了解到，在清同治三年（1864），关帝庙又进行了重修以及这次重修的原因和参与人员，同时还制定了禁止赌博的社规，以劝诫村民和过往的客商。那么，当时为什么设立禁止赌博的社规呢？我们推测是当时一些村民和商客经常聚众赌博，造成赌博之风盛行的不良影响。这种推测并非空穴来风，在距离一斗水村不远的云台山的药王洞洞口，也设立一块"永远禁止赌博碑"，这块石碑立于清同治八年（1869），立碑的原因就是由于当时来登山祈福、还愿的香客非常多，夜晚寄宿在茱萸峰的香客们为了打发时间，常常在茱萸峰北顶聚众赌博，因为赌博导致倾家荡产的现象时有发生，所以当时负责管理圣顶的执事人设立此碑，以戒赌风。

村子里设立禁止赌博碑，制定禁止赌博的社规，就是要劝诫村民远离赌博，恢复淳朴的民风。

豫音晋曲

古戏楼

关帝庙内有座古戏楼，常有河南或山西的戏班来此演出。

古戏楼坐南朝北，面阔五间，进深四椽，属于单檐硬山单脊无廊式建筑。戏楼于清道光二十年（1840）创修，建筑材料主要采用的是当地石块，多用不规则的红、青、黄石块砌成，墙体内侧抹黄泥，外侧则裸露石材原色，与当地的石头房类似。地台前方东侧铺砌了7级台阶，西侧铺砌了12级台阶，以供上下二楼，台阶的材料均为青石。戏楼的整个屋顶保存完整，屋顶坡面铺的是青板瓦，垄端未见滴水和瓦当。正脊顶铺的是青筒瓦，并有青

↓ 修缮后的古戏楼

色高浮雕瓦件装饰，正脊两端的鸱吻形象独特，似是花卉图案，屋顶两侧的垂脊则用青板瓦砌出两道线条来代替。屋梁采用了四根粗壮木头，一层与二层的地面采用青砖铺设。戏楼二层的东侧有一个小门，通向旁边的小楼，这个小楼应该是戏班子的后台，以方便表演者换装、化妆、上台。

↑ 古戏楼内景（修缮前）

以前每逢重大节日，村民们总会请戏班子在戏楼上唱上一天或几天的大戏。驻足古戏楼前，似乎锣鼓正在敲响，生旦净末丑轮番上阵，唱不尽的繁华与热闹。岁月变迁，当年婉转悠扬的戏曲声，已飘散在悠长的古道上。

↑ 熏黑的屋梁

戏楼左右两侧是看楼，东西相对，建筑规格完全相同，分为上下两层，面阔三间，进深三椽，属于单檐硬山单脊无廊式建筑。墙体和戏楼一样，也是由红、青、黄色石头砌成，墙体内侧均匀地涂抹黄泥，外侧是石头原色裸露。东侧看楼屋顶已坍塌，破损严重，西侧看楼屋

↑ 修缮前的古戏楼

顶保存得比较完整，屋顶的坡面铺的是青板瓦，垄端有瓦当和滴水作装饰，沟檐为植物花卉图案。屋顶正脊上铺的是青筒瓦，并有一排青色高浮雕莲花作装饰，正脊南侧饰有鸱吻，但其形状与传统龙形鸱吻有较大差别。同时，看楼的北侧墙体与厢房的南侧墙体形成了"合墙"，"合墙"指的是两座或者两座以上的建筑有共用一堵墙的现象，这种现象多出现在人口稠密、建筑面积不足的地区，也就是说，看楼北侧墙体与厢房南侧墙体实际上是一堵墙，目的就是节约土地资源。看楼是唱戏时观众观看演出的场所，因此距离戏楼最近，同时为了不影响观众的视线，看楼正面为开敞性设计，没有砌墙建门，建筑的承重结构主要依靠石柱。据村民郭文胜讲，看楼的座位也是有讲究的，并不是随意坐的。一般情况下，村里的望族、发达的商贾、有名望的老人都坐在二楼，年轻的小辈坐在一楼，而普通人家则是坐在或者站在戏台前的空地上。

看楼北侧为厢房，与正殿同建于高台上。厢房为一层，东西对称，形制完全相同，面阔三间，进深四椽，为单檐硬山单脊五架无廊式建筑。四面墙体用不规则的红、青、黄石块砌成，内外墙体均抹黄泥与白灰。厢房建筑以大块石条作为地基，整个屋顶保存完好，屋顶的坡面铺的是青板瓦，垄端没有瓦当和滴水，正脊顶铺的是青筒瓦，并有青色高浮雕瓦件作装饰，两侧的鸱吻已经被破坏。前面墙体的中央有实榻门，门上带有窗户。厢房里杂物堆积，土堆、石块、蜘蛛网随处可见，墙壁斑驳，门窗摇摇欲坠。在最北侧的厢房，还有一个已经损坏的箱子，箱子里已空无一物，已经无法得知是当时戏班子留下的，还是当时的香客们留下的。

在晋商最为繁盛的时代，这里也不知有多少名角沿着白陉古道，来到这里一展风采。

驻足关帝庙，面向古戏楼，似乎能听到刘、关、张"桃园三结义"的高亢唱腔；也仿佛看到一位袅娜的女子，梳着贴片额妆，敷朱施粉，轻蹑碎步，一身翡翠的长缎水袖轻抖，髻上插着的流苏步摇摇曳生姿，流水一般淌出无限情义……

上党梆子

在一斗水村，这里的戏曲深受山西戏的影响，唱的是"上党梆子"。迄今，仍有大批"上党梆子"的喜好者，甚至还有表演者。据称，一斗水村当年有不少"名角儿"，他们经常北上陵川、南下修武演出，与同行竞技。至今，村中老人仍能组成一个小型的剧团。

上党梆子，是山西四大梆子之一，流行于山西省东南部，与蒲剧、晋剧一样，是上党戏的代表剧种。它在清道光年间称为本地土戏，1934年赴省城太原演出时称作上党宫调，1954年定名为上党梆子。上党梆子以演唱梆子腔为主，兼唱昆曲、皮黄、罗罗腔、卷戏，俗称"昆梆罗卷黄"，2008年入选第一批国家级非物质文化遗产扩展项目名录。

中华人民共和国成立后，一斗水村戏曲爱好者组织起有三十余人的上党梆子戏班，逢年过节演出《五凤楼》《雁门关》《海桃关》等经典剧目。当年戏楼热闹非凡，隔三岔五就有戏班来唱台戏，村民们熙熙攘攘，欢笑声、喝彩声此伏彼起。由此可见，一斗水村的戏台是古官道历史的缩影，商业繁荣促使了车马店、关卡等设施的完善，由此一斗水村成为山西文化与中原文化的交汇点。

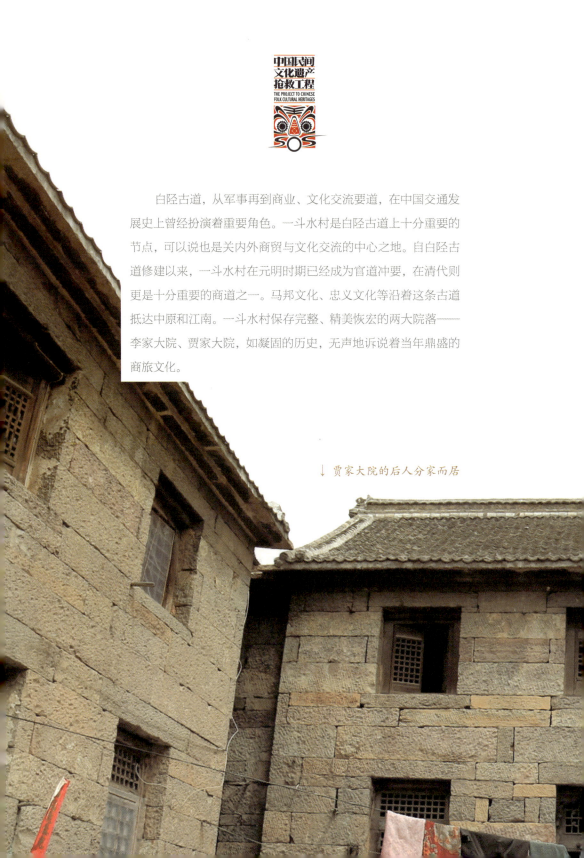

白陉古道，从军事再到商业、文化交流要道，在中国交通发展史上曾经扮演着重要角色。一斗水村是白陉古道上十分重要的节点，可以说也是关内外商贸与文化交流的中心之地。自白陉古道修建以来，一斗水村在元明时期已经成为官道冲要，在清代则更是十分重要的商道之一。马邦文化、忠义文化等沿着这条古道抵达中原和江南。一斗水村保存完整、精美恢宏的两大院落——李家大院、贾家大院，如凝固的历史，无声地诉说着当年鼎盛的商旅文化。

↓ 贾家大院的后人分家而居

第 五 章

商贸文化

晋豫商贸与文化交流的节点

　　起初，太行山的古代通道，大都是因为军事需要而开凿的。但随着战争的结束，经济社会的发展，"太行八陉"就从兵道发展成为驿道，方便了商旅物流，成为重要的商道。一斗水村就是白陉古道上十分重要的节点，也是关内外商贸与文化交流的中心之地。自白陉古道修建以来，一斗水村在元明时期已经成为官道冲要，到了清代则更是十分重要的商道之一。经过这条古道，晋商将中原的茶叶、瓷器、丝绸等商品带到山西及关外，也把中原文化带到北方。古道对促进南北文化交流和商贸往来功不可没。

　　中国古代一直有着重农轻商的传统，虽然在白陉古道上早就

↓ 重峦叠嶂

有往来运输的商业活动，但是正史上
的相关记载极少。然而通过在野史轶
闻、民间传说、古迹遗址中反复搜寻，
也还是能够找到相关痕迹的。明代，
山西的富商基本集中在山西南部，尤
其是泽州、潞州两地的商人，更是卓
冠群雄。明代沈思孝《晋录》记载："平
阳、泽潞，豪商大贾甲天下，非数十万
不称富。"根据清代雍正和光绪年间

↑ 古道上商客交流的主要场所

的《山西通志》记载，清代山西外出经商的知名商人，光泽洲、
潞安府就有 42 人，占到全省的一半以上。明清时期晋商的蓬勃
发展，与白陉的建设密切相关。晋商与潮商、徽商，并称为中国
历史"三大商帮"。在明清时期，晋商的发展更为繁荣，当时在
京城就流行这么一句话："京师大贾数晋人。"试问如果没有白
陉的存在，晋商又如何把商品运进运出，成就一番伟业呢！

根据一斗水村内相关碑文推算，四百年前这里已经成为晋商入
豫的歇脚之处；三百年前即有上党行旅寓居于此；两百年前则有客
店多家，成为商人行旅的休憩处。于是，商人的停留带动了一斗水
村商业的发展。为了便利这些商人的食宿，这里形成了一个比较充
分的商业交易场所，带动着周围的村民不断地加入，比如一些村民
将采制的药材、山货等卖给这些商人。除了这些商业经营活动的萌
动之外，文化交流也是商道给一斗水村带来的重要契机。如今，一
斗水村还有"外口店""当中店""里头店"的地名，这三个"店"
就是为行人歇息提供方便的车马店。

马帮文化与忠义精神

白陉沿路的商人运输物资时，马帮起到了关键的作用。白陉沿路树木丛生，沟壑纵横，真正好走的古道只有白陉一条。商人外出一趟经商十分不易，为了尽可能地降低成本，会选择一次性运输大批量的货物。而靠人力效率是十分低下的，因此商人们往往会雇佣专业的马帮进行运输。马帮的形成发展与当地商业发展的情况密切相关。白陉马帮建立于隋唐，兴盛于明清。明清时期，陵川县的工业高度发展，煤铁采矿业、冶炼铸造业、陶瓷业、酒醋酿造业、丝麻纺织业都形成了规模化经营。工业的发展使发展交通运输业成为必然，也给交通运输业的发展提供了资金。因此，当时除了多次大规模修路活动之外，马帮也繁荣发展起来。

一斗水村里年龄最大的韩老先生为我们考察提供了很好的线索，他是在清代碑记里经常出现的"本村秀才韩俊"的孙子，他告诉我们，韩姓与村子里其他几个姓，都来自山西陵川县神山头村，离高平侯庄赵家不远，他们的祖上或许是随着晋商的大户马帮做挑夫来到这里的。

当时，在白陉古道上有一个非常著

↑ 关帝塑像

名的马帮，就是东八渠村郎家。郎家喂养的骡马多达一百多头，他们与当地的大商人形成了长期稳定的经营合作关系。在白陉古道所经之地的村庄，马帮数量不可枚数，甚至有的地方还形成了专门的马帮村，全村人都专心从事这一职业。那时马帮的生意特别红火，一直处于供不应求的状态。长期与商户合作，使得马帮的经营也就具有了商业头脑。长途运输的马帮从不空转，当他们运输货物完毕后，也会采购当地的特色产品，回乡贩卖。大量骡马队的繁荣发展，也促进了骡马店的产生。骡马店，是专门喂养和寄放骡马的旅馆，马帮常会集体在骡马店休息，大家洗洗澡、吃吃饭，此时骡马店里也会派出专人，去给骡马喂水和饲料。骡马店星罗棋布地分布在白陉古道的两旁。在白陉古道的两旁，也有不少的打铁铺。打铁铺的兴起与商业发展同样也是密切相关的：马帮的骡马长期负重行走，蹄铁损坏频繁，如果不及时修补，就会影响整个马帮的行程，于是铁铺便频繁地出现在了白陉的两旁。可以说，晋商的发展给白陉沿途的经济发展都带来了新的生机。

马帮都是受雇于人，帮东家运输货物并收取一定的费用。有的商户和马帮甚至是世代合作，这种关系凸显了当时商业发展的稳定。长期合作的商家和马帮首先须在每年冬季签订契约，然后负责把东家的货物运往各地的货栈和商号。这些货物可以是商家的某一种类商品，也可以是商家的所有种类商品。

随着晋商的逐渐没落和交通运输工具的革新，马帮也渐渐消失在了历史的长河中。但是那一段段传奇的故事却永远地留存了下来。

"车水马龙"的李家大院

　　李家大院靠近古道，往来便利，据考证，李家大院原先就是为过往商客提供住处的客栈。明清之际，晋商发展，白陉作为连接山西与河南的重要交通要道，商旅来往不绝，白陉古道上熙熙攘攘，热闹非凡。一斗水村作为白陉古道上的重要驿站，来往商旅多在此停留，李家大院作为古道边上的重要客栈，生意也十分红火，这从它上下两层、34 间房屋的规模就可想见。

　　经过关帝庙，沿着石板路往西北方向走大约 300 米，就看到一座大门朝西北方向气度非凡的院落，这就是李家大院。

　　李家大院由石头建造，却丝毫不显粗野简陋，每一处的精雕细刻，每一块石头的细细打磨，都让人感叹古人心思的细腻精巧。

　　登上三级青石条铺设的台阶，首先映入眼帘的是李家大院的门楼，大院的正门构造精致，它远视群山，俯临通衢。门楼由十五层厚度不一的岩石垒砌而成，每一块石块都边线笔直，棱角分明，是规规矩矩的长方体，这些石块严丝合缝地砌在一起，只见重合的边线，不见缝隙。而且石块的堆砌严格按照左右对称原则，左侧有一个较窄的石块，右侧在相应位置也有一块较窄的石块。这一方面有利于门楼上层建筑的受力平衡，同时也给人一种整齐划一的感觉。这些轻则上百斤，重则上千斤的石块规规矩矩地"站"在古人给它设计的位置上，依然威仪赫赫，让人肃然起敬，而那些古人的心思和汗水不是更让人感叹吗？！若是这细致的工艺已让人惊叹，那么这些石块颜色的搭配更是让人感叹古人匠心独运，红、紫、黄、淡黄、渐变搭配，色调和谐，绚烂多姿，远远望去如同一条流动的彩绸在碧空下迎风招展。

李家大院的门楼不仅采用的石块精细，木质的大门也十分考究。门楣上左右雕镂着凤翔祥云的图案，凤鸟身姿舒展，祥云体势雍容，凤鸟翱翔于九天之上，其下五彩祥云如波涛翻卷，一派祥和美好。门楣匾额上刻有"西有长庚"四字。毛亨《毛诗注疏》云："东有启明西有长庚，日旦出谓明星，为启明；日既入谓明星，为长庚。"王逸《楚辞》卷十六九云："结琼枝以杂佩，立长庚以继日。"启明星、长庚星是同一颗星，即太白金星。李家的先祖悬挂"西有长庚"四个金字的匾额有何寓意呢？大致有两层寓意：一则李家大院姓李，太白金星也姓李，是玉皇大帝的特使，称为西方巡使，监察人间善恶，主杀伐，主人把它挂在西门可避凶护宅；二则清晨太白金星比太阳升起得早，也最为明亮，指引着犹在黑暗中行走的人们，因此称作启明星，傍晚时比太阳落得晚，为继续耕作的人们照明，因此叫长庚星，"庚，续也"，长庚星每天早出晚归、

↑ 李家（南）与贾家前后毗邻

↑ 李家大院

云台山镇一斗水村李家大院

李家大院地处修武县云台山镇北部山区，位于一斗水村西沟自然村，始建于1845年，已经经历了百余年的风雨沧桑，院落呈正方形，是一个典型的四合院，占地面积484平方米，建筑面积340平方米，拥有上下两层共34间，房屋全部由石头精雕细琢而成，其门窗、椽檩、阶石、栏杆等，无不造型精巧，匠心独具，是目前全镇保存完好、规模较大的古民居。

↑ 李家大院标志碑

披星戴月十分勤劳，人只有勤劳务实，才能得到西方金之精——太白金星护佑发财。

　　李家大院的大门采用楸木制成，楸木密实，质地坚硬，具有耐腐蚀的特点，当地有"千楸柏不烂"的谚语。大门的厚度大约有 4 厘米，十分厚实，在推门的一刻，仿佛有一巨石堵在门后，沉实有力。这大门虽然是木质，但是安全性却十分高。门框往上 70 厘米左右，有一个在截面为正方形的长方体石块上镂刻出的正六边形孔洞，这就是瞭望窗；瞭望窗周围有凿出的正六边形图案，一个正六边形套着一个正六边形，大约相隔 5 厘米；瞭望窗上嵌着明亮的玻璃，抬头望去，六边形环绕的瞭望窗就如同远古时代的崆峒镜，监视善恶、辨别真伪。瞭望窗对于像城堡一样坚固的李家大院而言具有重要意义。处于崇山峻岭中的一斗水村，邻近繁忙热闹的商道同时，也时

↓ 李家大院紧邻古道

常受到啸聚山林的山匪强盗威胁，这个瞭望窗就是为了时刻观察四周环境，警惕山匪来犯。这个正六角形瞭望窗是在一块完整的石头上穿凿出来的，而非由几块石头拼砌而成。在没有现代切割机械的古代，工匠们是怎样精确地凿出这样一个个正六边形呢？真让人百思不解。

中国古代建筑中"方窗""圆窗"较为普遍，何以李家大院的瞭望窗要修建为正六边形呢？中国古代工匠们发现，建筑物的锐角部分会因受力集中而容易损坏，但是钝角部分会因受力较为均匀而不易损坏，在一块完整石头上开凿出的窗口，由于没有横梁，借以分担来自窗户上层的压力，于是采用受力较为均衡的正六边形形状，以达到既美观又坚固的目的。

门楼之下铺设大青石板，石板很宽大，每一块大约有两步半宽，若是把它当作石床，大约能平躺三人。这一块块石板经过几百年的踩踏磨损都变得温润圆滑，如同刚从水底捞出的琥珀玛瑙，透着沁人心脾的凉意，熠熠生辉。一眼望去，那晶莹发亮的石板如同天宫的玉阶，让人忍不住俯下身去摸一摸，不由得想起李白的诗句："玉阶生白露，夜久侵罗袜。却下水晶帘，玲珑望秋月。"也许古人也曾坐在这凉沁沁的石板上，看夕阳缓缓坠落天际，素月慢慢升起，挂在那棵婆娑摇曳的楸树上，他们舒展开四肢，让凉风吹走一天的困倦，含饴弄孙，闲话家常。

李家大院大门朝向西北，为何呢？要知道在中国传统文化中，正门一般坐北朝南，这一方面符合我国地处北半球，温带季风性气候，夏季刮东南风，冬季刮西北风，房屋坐北朝南，能够面迎湿润的东南风，背对寒冷干燥的西北风；另一方面也与"以北为尊""面

南为王"的文化心理有关。而面向西北方向的门在中国的建筑文化
中指"鬼门"，有不祥的意味。卜商《子夏易传》卷九云："乾，
西北地也。阳之老阴，薄而争兴也。故战也，万物衰而落其荣也。"
可见西北方有衰败之意。后经询问当地村民，得知李家老家在山西，
由于白陉古道商贸发达，李家到此经商开店。因此可以揣测，李家
大院大门朝向西北方，即是面朝山西老家，朝夕瞻望西北方，以寄
托对故乡的思恋。同时距李家大院不远，就是西北走向的白陉古道，
古道上行走的客商是李家大院生意的重要客源，李家大院大门朝向
西北可能也是为了来往商旅能第一时间看到李家客栈；同时也意味
着对给李家大院带来兴旺生意的白陉古道的礼赞与敬畏。众说纷纭，
见仁见智。也许更值得做的是继续欣赏这座漂亮的石头房子吧。

　　进入李家大院的大门，发现大院内部院落成正方形，是一个典
型的四合院。李家大院由北面正房和东西两面以及南面厢房组成，
拥有上下两层共 34 间房屋，房屋都是由石头精雕细琢而成。北面
房屋是硬山顶建筑，块石砌墙灰板瓦盖顶。屋顶正脊上雕刻一排莲
花花纹，正脊两端分别蹲踞着一只引颈而望的鸱吻，弧度优美的垂
脊缓缓向四方延伸，像一只振翅欲飞的鸿雁，舒展羽翼，昂首向天。
垂脊凌空使屋檐向外扩展，这不仅造型优美，而且有利于排水，防
止屋顶积雨。屋檐下能明显看到铺砌的石板打顶。房屋由石头垒砌，
石头像是黏合在一起，严丝合缝地紧贴着彼此，风雨无法穿透它们
的身躯，刀剑也无法找到逞威武的空隙。墙面十分平整，像是经过
砂布打磨一般。看着石墙上齐整的倾斜凿痕，可以想见工匠们是怎
样刀削斧凿将一块巨大的岩石分成若干石块，又是怎样一下下将奇
态百出的不规则石块凿成规规矩矩的长方体，他们的艰辛付出让后

人唏嘘不已。这些石块不仅垒砌严整，而且颜色搭配也十分绚丽，整面墙的底部颜色搭配以赭红、紫红、紫、深黄为主；墙体往上颜色渐淡，墙体中部颜色变深，如同一条腰带系在腰间，墙体上部颜色变淡，以淡红、黄、青、淡黄为主。整面墙体颜色浓淡变化，显得活泼而不单调，就像刚穿新衣的小姑娘欢快地转身，扬起的五彩裙裾。这些石块从山上开采下来，安安静静地排列在一起，它们曾经锋芒毕露，而今光华内敛；它们曾经是恣意天地的不羁精灵，而今它们严阵以待遮挡一室风雨，护佑一家平安。

↑ 李家大院今天仍是客栈

北面正房上层开有三个尺寸一致的窗口，内嵌贴壁内开式的开平窗，窗户上装饰格子花纹。经过几百年的风吹日晒，木质窗户颜色已经发暗，但没有崩坏、起缝现象发生。窗户外蒙着一层崭新的蓝色纱窗，显然是在日常生活中，今人挂上去的。整个房屋下面一层在东西两侧开格子花纹装饰的支摘窗，支摘窗向外不占用室内空间，同时有利于增加采光面积；窗框和窗

↑ 李家大院门上的木雕与石雕

榄都经过黑漆涂饰，时过百年，依然完好无损，没有脱落痕迹。房屋下层正中间开一扇内拉式木门，门宽大约 1.3 米，高大约 2.5 米，

有大约 0.25 米的高门槛，门槛两边是两个正方体的石门墩，门墩
边角有些许磨损。门上副窗有连绵的万字纹窗棂，棂条坚实，造型
古朴简约，既有利于采光，又美观。副窗外面的门楣做工极为精细，
其两侧雕有大朵连枝牡丹，牡丹花之下雕有祥云：牡丹花萼硕大，
栩栩如生，有四层花瓣，每层四瓣，中间有一花蕊，牡丹连着花枝，
花枝上下点缀绿叶，做工繁复，雕刻灵动，整个牡丹花富贵堂皇，
恣意开放，映得满院生辉；牡丹花下祥云冉冉升起，意趣无限。门
楣正中间有一个圆形万字纹，寓意万福万寿，长长久久。门的木质
部分都由红漆涂饰，但经风雨侵蚀，红色已渐渐变淡，呈橘红色，
有的甚至显出木材本身的颜色。虽然颜色已经脱落，但图案的精美

↓ 四方形的建筑格局

依然令人叹为观止，由此可见工匠们的奇思妙想，心灵手巧。

门楣之上的门头也刻有精细的花纹，门头石块长大约 1.5 米，石块两端雕刻朵朵祥云，祥云旁雕刻交叠的菱形花纹，即方胜纹，《山海经》云："……玉山，是西王母所居地。西王母其状如人，豹尾、虎齿，而善啸，蓬发，戴胜，是司天之厉及五残。""西王母，梯几而戴胜杖。""胜"，指的是西王母所带配饰。《宋书·符瑞志》载有"金胜，国平盗贼，四夷宾服则出"，可见"胜"是一种吉祥的符号。门头石块正中间刻有圆形万字纹，寓意福寿绵长。整个正门装饰精致，一层叠一层的精美雕饰，精彩纷呈，令人目不暇接。在庄重的石头房中开出这样的正门，大气而不失雅致。

在正门和东侧的窗户中间有一个开凿出的神龛，用以供奉玉皇大帝，现在这个神龛里供奉着一尊佛像，神龛的雕刻也十分细致，不仅有凸出的屋檐，还有神像底座，底部还有祥云装饰的龛底，佛像安闲静穆，慈悲祥和，静静地看着小院的悲喜变化。小院里供奉神像，显示出李氏祖先对天地万物的敬慕，祈求上天庇佑，也显示出古人对美好生活的向往。

李家大院的东西厢房以及南屋都为石板平顶，墙体由石头垒砌，也是上下两层，上开三窗，下有一门，并且两边开两窗。李家大院是规整的四合院，东西南北房屋整体构架差别不大，但是北面正屋无论墙体颜色、石刻浮雕、木雕纹饰、窗户和门的构造保存得更为精细、完好。东面的房屋采用不同种类岩石，石块间隙较大。墙体有的部分存在明显的烟熏迹象，可能是曾经在屋外烧火做饭，熏黑了墙体。西面、南面的房屋保存完好，但是精美程度无法跟北面正房相比。李家大院除了四面房屋，在东北、西北、东南、西南四角上还建有两层小阁楼，上层阁楼用以储存杂物，下层可以当作灶房，这样做规划合理，能有效节省空间，使整个小院简洁整齐。

李家大院不仅有独一无二的石屋，院落中还摆放有一张大青石的圆桌，桌面光滑，洁净清爽，上面没有放杂物，而且经常擦拭，不染纤尘。散落圆桌周围的是四个小石凳，被砌成四瓣花形状，虽然雕砌得较为粗糙，斧凿痕迹明显，但古朴简约，别有一番雅趣。院子东侧还有一个直径约 1.4 米的碾台，碾台之上的石碾早已不见踪影。碾台呈灰白色，材质可能是石灰岩。由于碾台使用时间较长，久经碾压，表面已变得坑洼不平，甚至出现细微的裂纹，边缘也已缺损了一块，它早已没有了昔日的整洁光滑，就像一位久经风霜的老祖母皲裂的双手，日复一日地劳作，早已不再细腻红润。随着社会的发展，石碾已经退出历史舞台，它的功用已经被人们淡忘。甚至有时询问小孩子，他们还会笑嘻嘻地说这只是一张圆桌子。时间风蚀着一切，但是现实中的蛛丝马迹还是会偶尔牵动人们记忆的神经，让人不经意间瞥见往日艰难的岁月。这座石碾已成为历史的见证，它斑驳的台面是一斗水村村民艰苦劳作的印记，也是在大山深处的一斗水村农耕文化的象征。

李家大院院内石头铺地，石头多是青灰色，石质坚硬，岁月的摩擦虽使石头棱角圆润光亮，但这石铺地面光而不滑。院内南屋根上放着几盆红豆杉的盆栽，红豆杉枝叶纤细，翠色怡人，有风袭来，微微轻颤，袅袅娜娜，为整个石头堆砌的房屋平添了一抹柔情。

"鼎足而立"的贾家大院

  贾家大院与有名的关帝庙相距仅仅几百米远，所处的位置是极佳的风水宝地，它和大部分建筑一样为了更好地采光，所采用的方位是坐北朝南，贾家大院门前立着的古色木牌简介上写着："贾家大院始建于1850年"。由此可见，贾家大院至少经历了一百多年的风雨沧桑和历史洗礼，布满了岁月流逝的痕迹，不论怎样，令人备感欣慰的是，这座古庭院保存得相当完好。

  贾家大院占地面积约528平方米，建筑面积约320平方米。贾家大院的整体建筑，从门楼前的石板阶梯、影壁墙，到院内的桌凳、窗棂、椽檐、地面、阶石、门楣、墙壁及房屋主体结构等，全部都

↓ 大门铺首

是用石头堆砌打磨而成，造型精巧细致，做工考究，十分注重中国古老艺术中讲究"对称"的审美文化，体现了建造者的匠心独运。

贾家大院正门前方两三米处，树立着一面影壁墙，影壁墙孤而不独，泰然直立，和对面正门的建造相得益彰，凸显了庭院主人家的考究。影壁墙大约两米半高，厚度约三四十厘米，由十五层石头堆砌而成，即使不是主房屋的组成部分，所选石块也是整整齐齐，方方正正，表面砌得十分平整光滑，给人一种肃穆之感。从影壁墙旁边穿过，映入眼帘的是贾家大院古朴厚实的大门，散发出震慑来人的气息。门窗在中国建筑装饰文化史上也蕴含着独特审美的文化意味，在古人眼里，门窗有如天人之际的一道帷幕，中国古代门窗的文化内涵是由门窗纹饰与图案表现的，门窗的装饰也体现了房屋主人迥异的审美情趣、身份地位和财富象征。显而易见，能建起像贾家这样大院的，必是富裕之家。

贾家大院的门楣是由粗实的楸木刻制而成，上面的木刻图案让人不禁拍手叫绝，给人带来美的享受：雕刻图案细细看来，多为线刻图案，左右呈对称布局，纹路清晰，有序可循，中间雕刻了一只昭示祥瑞的福兽老虎，威风凛凛，想来是贾家先人为了震慑不祥之物进入庭院作祟而选取老虎作为镇宅之吉物；老虎的两旁呈对称雕刻着一些旋涡纹，描摹着水流动的形态，波光粼粼，栩栩如生；再往两旁看去，左边是凤鸟衔着灵芝，右边是凰鸟衔着灵芝，凤凰作为中国神话中的百鸟之王，经常被用于各种艺术之中。这一门楣小小的布局之中大有乾坤，让我们不禁为这高超的艺术所深深折服。门楼上面悬挂着一块凸出的匾额，上面写有四个大字，但是由于时代久远，已经看不清楚，像是"绿水长流"，通过这模糊的印记仍然可以感受到当初刻字技师挥动的刻刀是多么苍劲有力。大门的材质是用坚实厚重的石榆树打造而成的，质感十足，再细细观看正门的雕刻纹路，亦足以让人为之感叹，其中寓含着深宅大院丰富的内涵。

↑ 贾家大院

在正门的上方有一个面积大约为四平方分米的正六边形孔洞，房屋现在的主人告诉我们说是瞭望窗，正六边形的造型有点儿像是借鉴了皇家园林设计的方法，不仅美观，而且坚固。正六边形的瞭望窗不单单具有审美的意味，对于像贾家这样的大户而言具有重要意义：首先是为了通风；其次是为了便于观察周围环境，警惕土匪的侵犯，处于群山环绕中的一斗水村，村头有商旅往来、热闹非凡的古商道，这里鱼龙混杂，难免遭遇山匪强盗的威胁，这个瞭望窗在这种时候就能发挥它的作用。平时主人在门楼上准备有足够的石块和武器，一旦遇到不测，青壮男子可登上门楼，向下砸石，三五个毛贼肯定是非死即伤，落荒而逃。

云台山镇一斗水村贾家大院

贾家大院地处修武县云台山镇北部山区，位于一斗水村西沟自然村，始建于1850年，已经经历了百余年的风雨沧桑，院落呈正方形，是一个典型的四合院，占地面积528平方米，建筑面积320平方米，拥有上下两层共32间，房屋全部由石头精雕细琢而成，其门窗、椽檩、阶石、栏杆等，无不造型精巧，匠心独具，是目前全镇保存完好、规模较大的古民居。

↑ 贾家大院标志碑

进入贾家大院，需要通过一个小过道，小过道的地板是用石头铺成的石板

↑ 贾家大院格局

↑ 贾家大院有影壁墙与古道隔开

↑ 门顶杠石洞

路，路面光滑，锃亮可见，有些石块已经被磨成了凹面。步入大院，整个布局可以完整地映入眼帘，让人觉得惊奇的是，在大院外面看起来大院四周的墙壁石头并不是堆砌得严密无缝、十分整齐，然而站在院内正中央位置，向四面看去，所有墙壁的石头堆砌得整整齐齐，丝毫的缝隙都没有，可谓是刀插不进。墙壁石块色泽耀眼，红、黄色石头相间，仔细观察还可以发现石头是呈对称分布的。大门在南屋偏东。正房有三间两层，石块砌墙，灰板瓦盖顶；东西耳房各两间两层，石板盖顶；东西厢房各三间两层，灰板瓦盖顶；南屋有三间两层，也是铺着灰板瓦盖顶，院内屋内皆用石板铺地。

贾家大院整体呈正方形，是一个典型的四合院建筑，拥有上下两层，包括小阁楼总共40来间房屋，其建筑结构与李家大院相似，只是李家大院的大门在西屋偏南，房顶为近代后人重瓦。纵观贾家大院，结构严谨，主次分明，呈封闭结构，以四合院为建构组合单元，取吉祥喜庆的象征意蕴，充分显示了中国历史深厚的文化积淀。

大院内高屋低房分布得错落有致，层楼叠窗交相辉映。南面房屋造型以平房顶为主，上面镂有三个天窗，一眼望去就可以感受到古朴的气息，窗棂上雕有细致精美的花纹，窗户有的采用的是格子窗造型。正对着南屋的堂屋，两层高，上下两层对称雕镂着六面窗户，显得房屋稳重协调，富有气派。不管是堂屋还是南屋，以及耳房的房门和窗棂，都用的是结实而厚重的楸木，并且雕刻有细腻的各种图案和花纹，"门当户对"的中国传统婚嫁观念在这古建筑上体现得十分明显，这也显示了贾家大院的祖上不是一般的平民百姓，令人十分遗憾的是，这家的老人已经不记得自己祖上具体是做什么的了。

　　贾家大院讲究对称的布局和造型最大程度上展现了中国传统的文化观念——讲究中庸，所谓"中为适应之谓，庸为经久不渝之意"，在漫漫的演变过程中，逐渐演绎为"不偏不倚、适度和谐"之意。贾家大院作为原汁原味的历史建筑，是组成古建筑遗产的重要部分，是不可多得的非再生历史文化资源。

↓ 门楼

千年古道白陉从山底而过，而在山顶，坐北朝南，耸立着由晋入豫的第一座关公庙。南来北往的人们无不到此敬拜，感受忠义精神。护佑晋商繁荣发达的关帝文化由此传播开来，或许已发扬光大至海内外。一斗水村还有着丰富多彩的民间信仰文化，是村民们千百年来生生不息的精神依赖。

↓ 关帝庙周围有多座小庙

第六章

关公信俗与
民间信仰

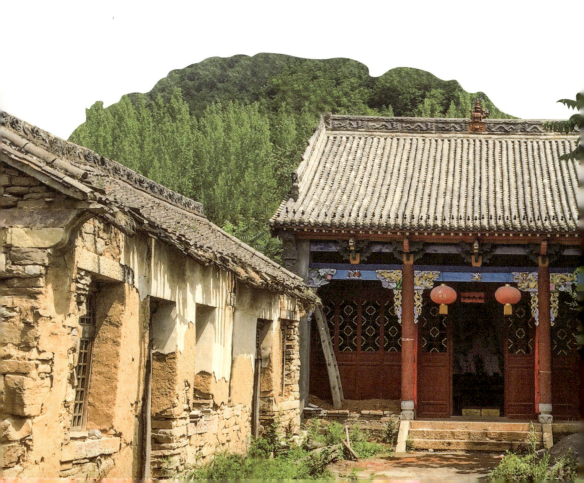

关帝庙的兴建

在一斗水村北端，两侧陡壁，一座小山突兀而出，气势不凡。依山傍势地矗立着一组建筑群，这就是远近闻名的关帝庙。千年古道白陉从关帝庙旁而过，在白陉古道铺就的石阶路至今仍在。

当年，经由人声鼎沸的白陉古道，不知多少人慕名走进关帝庙，祭拜关公；能够在这里观看戏楼上的演出，成为多少人的梦想。

关帝庙坐北朝南，建于清乾隆三十年（1765），距今已有三百余年，恢宏的气势和精美的建筑，彰显当年的辉煌，是太行山

↓ 雄踞山巅的关帝庙

区民间宗教建筑的典型代表。

　　关帝庙在当中店的一座小山坡上，庙前有雕刻精美的影壁，山门上有"万世忠表"四字匾额。正殿为五间，中间三大间是关帝殿，正中是关帝圣像，左右分立着周仓、关平的神像；墙壁上绘有彩绘，正墙上绘的是关公过五关斩六将，东山墙上绘的是三英战吕布，西山墙上绘的是关公斩蔡阳。正殿是重修的，已经没有原有的模样。原本的正殿是硬山顶式的建筑，具有防风防火的优势，屋面双坡，两侧山墙与屋面近乎持平。正脊的两端与中间共卧有三个小神兽，具体是什么神兽现已不可考，但镇脊神兽有吉祥、装饰和保护建筑三重功能；垂脊线条流畅，增添了建筑物的美感。殿顶是由青筒瓦铺砌，在我国传统的建

↑ 残破的东厢房

↑ 残破的西厢房

筑中，筒瓦的等级高于板瓦，筒瓦只能用于宫殿、祠堂、庙宇或其他高等级的建筑中。中国封建等级制度森严，采用什么建筑样式、材料、安置几个神兽，都与等级秩序有着密切关系，不能逾矩，关帝庙正殿的建筑样式完全符合了封建等级制度的规定，凸显庄严隆重的特点。

　　东耳殿供奉的是牛马王，西耳殿供奉的是送子奶奶和三圣母；对面为五间戏楼，东西两旁依次为陪殿各六间、看楼各三间；东陪

雕梁画栋

正脊砖雕

关帝庙（修缮前）

戏楼（修缮前）

古碑上的字迹难以辨认

老庙门

殿最南端供奉的是昴日星官。院子西南角上有一水簸箕,据说下雨时院里的水经过水簸箕盘旋流出,像盘龙舞一样,因此被称为盘龙水。关帝庙正殿东有一小门,通往后院,后院也叫后经堂。后院有正殿三间,供奉的是西天古佛和南海观音;正殿两侧各有耳房一间,东西厢房各三间,为藏经所用,另有韦驮殿一间,与关帝庙正殿背对。

↑ 关帝庙在"文革"期间成为学校

↑ 石窗

整个寺庙依山势而建,建筑均为硬山式建筑,左右对称。屋顶统一为青板瓦,脊砖花纹为莲花、莲蓬图案,额枋、门楣等建筑构件表面均刻有花卉、鸟雀、祥云等精美图案,墙壁、地砖主要使用的是当地的石块。虽然庙宇破败,但房屋建筑基本完整,房屋结构、材料、雕花图案清晰可见,是修武县目前保留最完整、规模最大的道教建筑。庙门口东侧有一个独立院落,据焦作师范高等专科学校贾海婷考证,"如此特殊的建筑形制在修武古建筑中只此一例,据当地村民介绍,'关帝庙最初建时只有两进正院,戏楼正门在整组建筑平面的正中央,其门直冲大殿后殿,据风水先生推算,大门太正于庙宇香火有碍,因此庙宇正面砌一堵影壁,东侧修筑偏殿,又开一道小门来规避这项不足。'"在院落的上方设有圆形瞭望窗，是为了在强盗山贼来袭时便于观察敌情。

在河南、山西交会处，高高伫立一座关帝庙，展示了独特的晋商文化。凡南来北往的人们无不到此敬拜，感受忠义精神。说不定护佑晋商繁荣发达的关帝文化由此传播进中原，进而走向江浙闽粤，发扬光大至海外。

一座关帝庙上演了多少忠义传奇，我们虽不得而知，但在太行山深处，有如此规制的庙宇，可见其承载了多少希冀和功绩！

作为一个时代文化的象征，一斗水村关帝庙的价值是值得研究的，也不会被遗忘。现在的关帝庙像是一个期颐老人，见证了历史变迁，在风雨变化中淡然处之，默默地向人们展示历史的轨迹。

↓ 老庙门门楣

关帝之财神崇拜

太行山区，地势多险峻，且水流较少。人们对于水有着更多的祈求，因此在太行山区一带，大多数村庄都是以龙王崇拜为主，多建有龙王庙。但一斗水村却是个例外，一斗水村有着一座历经风雨而不衰的关帝庙。为什么在这个太行山深处的小村落里，会有这样一座庙呢？这和晋商有着莫大的关系，这座关帝庙正是山西商人对于关帝崇拜的真实写照。关帝，即三国时期蜀汉名将——关羽，本字长生，后改字云长，汉族，并州河东解（今山西运城）人，东汉末年著名将领，自刘备于乡里聚众起兵开始追随刘备，是刘备最为信任的将领之一。在关羽去世后，其形象逐渐被后人神化，一直是历来民间祭祀的对象，被尊称为"关帝"。因其英勇忠义，获得民间百姓的一致认可，并逐渐由人入神，并在道教中被誉为"关帝圣君"。民间百姓认为关帝最重"忠"和"义"，宋代洪迈在《夷坚支志》中记载："潼州关云长庙在州治西北隅，土人事之甚谨。"到明清时期，关羽被尊为关帝，并赋予司管命禄、消灾解难、庇护商人、招财进宝等新的职能。

一斗水村旁的白陉古道是晋商最早从事贸易的主要交通要道，这条古道一直是贯通晋豫及江南诸省的一条咽喉要道。进

↑ 财神像

入清代以后，晋商繁盛起来，许许多多的晋商开始通过这条要道将货物输送到江南地区，而一斗水村往往是这些商队停靠歇息的落脚点，商贾们多在此停留。为了祈求自己的生意顺利，运送货物时不受山贼强盗的骚扰，商贾们在歇息的时候，总是要拜一拜关帝爷，寻求关帝爷的庇护，希望运送货物的路程能够平安无恙，因此过往商人和一斗水村里的大户人家带头集资募捐，筹得大笔善款，建起这座关帝庙，客商争相供奉，寺庙的香火日益兴盛。

↑ 关帝神像

在从事长途运送贩卖的生意所需之外，晋商对于关帝的崇拜也源自情感的需求。关帝是山西人，因此在中国这个讲究人情的社会环境里，祭祀关公除了有强烈的自豪感和荣耀感之外，还存在着一种"离家在外、

↑ 关帝小庙

情系家乡"的乡土情怀，尤其是在古代那种交通不便，在外经商不便回乡的条件下，晋商更希望有乡亲之情的关老爷能尽力庇护自己。当这种情感得到寄托之后，晋商更是发展底气十足，进而带来晋商的壮大和辉煌，成为中国商业史上不可小觑的中坚力量。直到今天，晋商对于关公的崇拜依旧十分盛行，甚至延伸到了晋商之外的群体，关公被奉为"财神"。晋商就是把关公作为诚信的代表，通过对关公的崇拜和许多祭祀关公的活动来弘扬和加深诚信的企业文化。于是，关公就这样成为晋商企业文化的符号。

民间祭祀

在一斗水村的关帝庙内，正殿供奉着关帝爷。除了关帝外，这座庙还供奉着牛马王等，人们希望这些神灵保佑自己生意兴隆、车队牲畜平安。在传统的祭祀中，多以祭拜神仙、先人和神灵为主，但是祭拜牛马王，并不多见，这主要是和一斗水村外的白陉古道息息相关，正是这条艰难不易、祸乱丛生的商道，造就了这样特别的祭祀。白陉沿路树木丛生，沟壑纵横，真正好走的古道只有白陉一条。商人外出一趟经商十分不易，为了尽可能地降低成本，会选择一次性运输大批量的货物。初期，商人们运输物资时，多依靠自家

↓ 山巅上的龙王庙

的牲畜和人力，但是耗费的时间较长，且路途上也不安全，容易出现抢劫等不安全的事故等，因此人们多希望通过祭拜牛马王等神灵，以保证货物的安全和生意人自己的平安。

↑ 小佛龛

关帝庙的东耳殿供奉的是牛马王，西耳殿供奉的是送子奶奶和三圣母。如果说人们供奉关帝和牛马王是为了经商事业，那么供奉送子奶奶和三圣母则是为了人丁兴旺和家族香火的延续，毕竟在许多中国人的心里，多子多福才能善老善终。在古时医学条件并不发达的情况下，从结婚之日起，许多长辈都希望尽快抱上孙辈，并寄托于求香问佛，同时，更深的一层用意就在于祈祷自己的家族增添男丁。"重男轻女"是中国几千年封建文化的重要观念，它对民间的影响根深蒂固，人们为了早日实现这一愿望，便要求助神灵，希冀早得贵子。久婚不孕的妇女，几乎很少去找医生诊治，唯一的办法就是求送子奶奶来送子，到奶奶庙"求子"。往往多由自己去或婆母、小姑代去，多是烧一炷香，磕头祷告，诉无子之苦，说盼子愿望，最后向"送子奶奶"许诺，若得子如何还愿。求子后果真如愿以偿，还要到奶奶庙去还愿，还愿时除了带上求子时许下的红布幔帐等供品外，还要带上鞭炮等。这在农村地区的庙会上，多为常见。

泉神就是龙王

古柳树下的柳神庙

苍狼得位碑

泰山石敢当

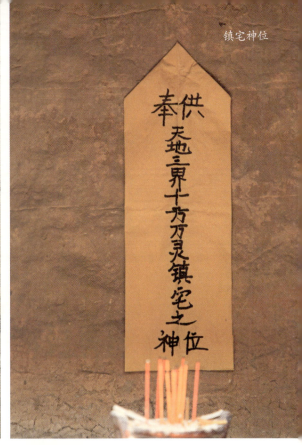
镇宅神位

供奉天地三界十方万灵镇宅之神位

牛马王牌位

牛马王庙

山神庙

屋门左手的神龛

三月三庙会

　　在北方的农村一般都建有庙宇，也都建有戏楼（即今舞台），专供春秋两季定期演戏敬神之用。演戏期间举办各种活动，古称"庙会"。庙会对于一个村庄来说，是一个比较隆重的节日，有的地方甚至比春节都受重视，庙会主要在农闲时节，人们进行访亲拜友和还愿求佛等民间活动。对于一斗水村来说，因其所占据的地理位置，既是晋豫交界，也是古道边重要的村庄，庙会自然必不可少，在每年的春节、正月十五、三月三等日子均有大型庙会，其中以三月三最为隆重。庙会期间，人们上午逛庙会，下午就聚在戏台下看戏。院内可容纳 300 多人看戏，有时连墙头上都站着人。上演的主要

↓ 修缮后的关帝庙大殿

剧目为上党梆子，多为一些经久不衰的曲目。有的时候，来自辉县马齿山、山西箭眼山的高跷队也会来此表演。除了看戏之外，买卖商品也是庙会的一大功能。当然在庙会上，做交易买卖主角的还是和老百姓息息相关的物品，诸如食物、生产资料、生产工具和牲畜等，吃的、穿的、用的、玩的，应有尽有，十分丰富。小吃尤其花样繁多、各具特色，风味十足。在一斗水

↑ 关帝庙建筑群俯瞰

村的庙会上，药材交易也是庙会不可缺少的内容，通常是一些采药的村民将自己所采下的药材在庙会期间进行交易。在太行地区有多个著名的药材交易性质的庙会，诸如百泉药交会，现在仍是全国最大的中药材交易会。

庙会不仅仅为人们提供了一个物质交换的平台，更为人们提供了精神放松的场所，促进了人们之间的情感交流和精神联系。传统社会中，乡民大部分的时间都在农业生产中辛苦劳作，劳作之余，对调节生活、放松精神的休闲娱乐活动也会有需求。休闲的时间是根据人们空闲的时间，以及人们乐于参加的娱乐活动而定。在农忙季节，休闲娱乐活动很少，且多以家庭为单位进行；在农闲季节，娱乐活动就会相应增加。庙会这一民俗活动的调节功能，是与人们的精神需求密切相连的，民俗活动中有许多形式可以帮助人们缓解身体和精神上的疲劳，鼓励人们以更好的精神状态投入到生活中，这也是庙会在中国长期以来一直存在的原因。

高照游行

一斗水村的高照游行在每年的正月十五晚上举行，这是一年中最神圣也是场面最大的全民性祭神活动。"高照"，顾名思义就是高高举起用竹子制成的像火把一样的灯笼（把竹子劈分八瓣制作而成）。正月十五白天的庙会结束后，山村的热闹沸腾还在继续，盛大的高照游行在晚饭间进行。

炊烟散尽，华灯初上，在美酒佳肴的味道溢满山村的沟沟壑壑时，盛大的高照游行正式开始。老尊长（村里德高望重的长者）在关帝庙前备足了有火供品，待全村老幼到齐了，便率领乡亲们焚香跪拜，口中念念有词，祈求关帝圣君保佑村民安康，六畜兴旺，五谷丰登，子孙满堂。

礼毕，锣鼓响起，村民纷纷点亮早已备好的高照，高高举起，有序地排成长队。此时锣鼓响起，前面两位壮汉抬起老君炉，连带风箱，炉中的生铁在风箱炉火的作用下，已化成彤红的铁水，老铁匠挥动手中的木板，将炉中的铁水打向空中，万朵金花耀眼闪烁，这就是山村的"打铁花"。虽然正月里山村天寒地冻，老铁匠和抬老君炉的壮汉却要光着膀子，这样落下的铁花不会燃着衣服。

队伍启动，几百盏高照行进在蜿蜒崎岖的山路上，宛若一条巨大的火龙，把路、村、山、天，照得火红。

"火龙"每到一个岔路口，老尊长都要让队伍停下来祭拜，然后老铁匠挥舞木板打几下铁花，告慰神灵，驱走冤魂。

首先，要到西沟祭拜一斗水村的井龙王，然后再"挥师"南下，

到千年古柳祭拜老柳爷。若说一斗水村的
井是一斗水村的神，那千年古柳便可称得
上是一斗水村的魂。它历经千年风雨，依
然横跨在古道上，述说着一斗水村的点点
滴滴。所以祭拜老柳爷是必需的。

接下来就是到羊圈沟祭拜山神，山神
庙虽小，但也是不可或缺的，因为山神才
是掌管山里一切的正神。山里所有的物产
和平安都是寄托在山神这里的。所以，山
神庙在正月十五也是必受香火的。

↑ 高照游行的起点关帝庙

最后，大家还要到黄龙峡上的龙王庙
祭拜。龙王庙是坐落在一斗水村最南边的
高坡之上的一座石庙，白陉古道从庙边经
过。如果是白天，在龙王庙可望见其南边
的神仙尖、悟道峰、怡梦观、黄龙峡。夜晚，
随着高照队伍的前行和坡度的爬升，白陉
古道在几百盏高照的辉映下，像一条火龙

↑ 高照游行的终点龙王庙

腾空，飞向天际，煞是壮观。队伍来到龙王庙，庙前的平台显得拥
挤不堪，老尊长把供品依次摆放在石供桌上，焚香、跪拜，祈祷龙
王保佑新的一年风调雨顺，五谷丰登。然后村民依次叩拜，锣鼓鞭
炮齐鸣。

祭拜完龙王后，游行队伍还要回到关帝庙，再拜关帝圣君，向
关帝圣君复命，才算仪式告成。

中国民间
文化遗产
抢救工程
THE PROJECT TO CHINESE
FOLK CULTURAL HERITAGES

　　作为太行深山因古道而兴的村落，民间故事的丰富性是自然而然的。一斗水村的民间故事，以古道上发生的奇闻逸事、对自然遗存的演绎等内容为主，彰显了人们对社会正义、对美好生活的向往。

↓ 雾锁太行

第七章
民间故事

"小棒槌"的故事

　　关于一斗水井有一个有趣的传说。据当地村民讲，很久以前的时候，古井泉并不存在，只是在村子的西沟，一个村民们称之为"后背岭"的地方有一股山泉，泉眼里有一个小棒槌，白天会释放清泉供过往的行人饮水，晚上会跳出泉眼为人们和动物们照明，深受喜爱。后来一个寻宝的人从此经过，看到了小棒槌，心生贪念，想要把小棒槌据为己有，他想在晚上趁着小棒槌跳出泉眼的时候偷走它。

↑ 一斗水泉

　　晚上，小棒槌刚刚从泉眼里探出头的时候，这个寻宝人急不可耐，抓住小棒槌想要把它拽出来，心慌意乱加上用力过猛，小棒槌被拽成了两截。无奈，寻宝人拿着半截棒槌往回走。谁知道他走在半路上的时候，小动物们听到了这个消息，汇集在一斗水泉这个地方拦截寻宝人，寻宝人慌乱中扔掉了那半截小棒槌，狼狈而逃。那半截小棒槌落到地上就成了一汪清泉，就是现在的一斗水泉。当然，这仅仅是一个美丽的传说，为古井泉的来源增加了神秘的色彩。但是不可否认，古井泉滋养了古村落附近的山川、万物，以及现在的一斗水村，它的存在对于白陉古道的修建和一斗水村的形成和发展功不可没。

龙显石的传说

　　出了关帝庙向北走一百米左右，矗立着一块石头，在石头的右上方有一个惟妙惟肖的龙形，故名"龙显石"。早在 2.5 亿年前的三叠纪，蛇就已经生活在地球上了，而民间认为龙是由蛇演变而来的。龙显石旁刻有一段说明，其中提道："由于太行山地区的火山喷发，出现了上亿吨的玄武岩，构成了南太行的第二层基岩。地球的多次造山运动，使云台山地区时而沉入海底，时而露出海面，海底沉积砂岩层之间夹杂着大陆陆地形态的底砾岩，证明这里经历了多次的海进海退。海水的强烈动荡，形成了丰富的鲕粒灰岩和巨型波痕结构。"一斗水村的龙显石，就是远古时代的火山熔岩把这条由蛇演变的龙永远地凝固，形成了我们眼前的这块化石——龙显石。

　　关于龙显石的成因，在民间流传着一个美丽的传说。相传，有一年大旱，庄稼枯死，人畜饮水困难，一些村民就准备携家带口出去逃难，但是大部分长者都不愿离开，极力反对外出逃难，他们都说："故土难舍，落叶归根，这一逃说不定就再也回不了家乡了，还是不要走了，留下来吧！"可是留下来又没有水源，只能在村里等死，所有人都沉默着，悲伤的气氛越来越浓。大家都不想离开家乡，但又没有任何办法，思来想去，最后一位长者说："咱们村里一直供奉关圣爷，他老人家最是慈悲，要不然咱们大家一起去求求他，关圣爷一定会救咱们的！"村民们也觉得在理，重新燃起了希望。于是大家就凑钱准备了丰厚的祭品，一起来到关帝庙祭拜关圣爷，请求关圣爷救救村子里的人。其实，关圣爷把这一切都看在眼里，但因为他没有降雨的权利和本领，只能干着急。听了村民们的哀求，他心里更是焦虑，忽然他看到自己手里的青龙偃月刀，想着：这宝物跟随我多年，走南闯北，上天入地，也应该有些灵气了，再说，它也属于龙族，应该会有降雨的本领。于是，他摇晃着青龙偃月刀说道："青龙何在？"忽然一阵白烟飘出，一条青龙匍匐在地。原来那刀上的青龙跟随关圣爷多年，果真学到了一些为仙之道，只不过一直未曾现形，现在听到关圣爷的召唤，便立刻现出龙形。关圣爷对它说："青龙，你跟随我多年，受了村民的香火供奉，现在这个村子遭受旱灾，我却无能为力。你身为龙族，拥有降雨的本领，可愿解除百姓的危难？"青龙随即答道："愿听帝君差遣！"言毕，

↓ "龙显石"说明

龙 显 石

龙是由蛇演变而来的，而蛇是早在25亿年前的三叠纪就生活在地球上的一种爬行动物。它们在此地平静地繁衍了几百万年后，由于太行山地区波澜壮阔的火山喷发，出现了上亿吨的玄武岩，构成了南太行的第二层基岩。地球的多次造山运动，使云台山地区时而沉入海底，时而露出海面，海底沉积砂岩层之间夹杂着大陆陆地形态的底砾岩，证明这里经历了多次的海进海退。海水的强烈动荡，形成了丰富的鲕粒灰岩和巨型波痕结构。一斗水村的龙显石，就是远古时代的火山熔岩，把这条蛇永远地凝固，成了我们眼前的这块化石——即龙显石。

腾空而上，施展法术。天上顿时乌云密布，电闪雷鸣，大雨如注。这场大雨，下了整整一夜，可谓及时雨，救了整个村子的百姓。村民们认为是关圣爷慈悲保佑，第二天一早就来庙里谢神，村民们诚心地感谢了关圣爷的慈悲，并祈求关圣爷永保这里风调雨顺。关圣爷感受到了村民的诚意和感恩之情，不愿独贪功劳，就在晚上给村民们

↑ 龙显石

托梦，把青龙临危受命，降雨解旱的情形告诉了大家，并说："如若你们不信，可来像前细看我的宝刀，青龙已然成神，脱离我的宝刀，在庙前的巨石上有其龙形，可另建龙王庙，供其香火，永保一方平安。"早上，村民们醒来都还记得此梦，于是到关圣庙求证。果然庙中关圣爷的大刀上没有了青龙，而庙前坡下的巨石上有了形象生动的龙形。村民们深感关圣爷、青龙之德，于是遵照关帝爷的圣命，就在关帝庙旁边另建了一座龙王庙，并且将那块石头称为"龙显石"。此后，虽然一斗水村的关帝庙经过多次重修，但关圣爷的大刀上永不再绘青龙，并且，在村子里及村子附近，都建有龙王庙，每逢三月初三、六月初六，村民们都会手拿彩旗、身披蓑衣，结队前往龙王庙祭拜求雨。

关于龙显石的成因，在村民之间还流传着另外一个版本。相传在一斗水村的东南方，有一个黄龙潭，是黄龙家族的大本营。在黄龙家族的保佑下，一斗水村顺风顺水，年年丰收。村中百姓敬重、感恩黄龙家族，每年给黄龙家族的供品非常丰厚，甚至比给玉帝庙里的还多。玉帝得知后心里十分不悦，觉得自己的权威受到了藐视，

就下令让龙王少降雨水，制造干旱，对一斗水村的村民进行惩戒。于是，村子里近一年都没有降一滴雨，村里的泉水和井水都干涸了，庄稼也都快要枯死了。黄龙王得知这一情况后，十分着急，多次去找龙王求情，但龙王也是奉命行事，不敢违背玉帝旨意。黄龙王不知道该怎么办才好，日日寝食难安。黄龙王的大皇子素来仁爱慈悲，他不忍心看父王焦虑不安，同时又想到村民对黄龙家族的敬重，而如今庄稼干旱，水源紧缺，村民们的生计越发艰难。为了让父王安心，也为了解救村民，大皇子决定私自降雨。趁着天黑，大皇子偷偷出宫，施展法术，降了一场大雨。庄稼久旱逢甘霖，重现生机，村民们兴奋极了，敲锣打鼓，将供品抬到黄龙潭，争相供奉黄龙家族。这下彻底激怒了玉帝，他命天兵天将把大皇子抓起来，绑到村子中央大庙前的长条石上，让人们从他身上踩过。可是村民们知道大皇子是为了救他们才遭受此难的，没有人舍得从他身上踩过，于是，村民们就合力把石头从地上撬了起来，立在了路边。村民们都想把大皇子身上的绳索解开，可惜没有人能够做到，村民心疼大皇子受苦，纷纷抚摸这块石头，想要舒缓他的苦痛。久而久之，这块石头被摸得光滑透亮，人称"龙显石"。后来，人们发现，有心愿久未成真的人，摸一下这块石头就能够帮助自己实现心愿，就这样一传十，十传百，越来越多的人知道了这个秘密。于是，不仅是村民，那些商人、行人和官宦人家从此处路过时，都要摸上一下。

虽然这些都只是传说，无从考证真伪，但从这些故事中可以看出当地村民淳朴、感恩、善良的品性。他们善良勤劳，努力凭借自己的双手和智慧发家致富；同时他们虔诚感恩，会在无助绝望的时候求助神明，当脱离困境时他们也会诚心诚意地拜谢神灵。

牤牛山的传说

　　牤牛山位于一斗水村西北方向豫晋交界处，远看像一头横卧的大牤牛，这座大山上有一段惊天动地的传说呢。

　　传说在很久很久以前，一斗水村里的人们过着安逸的生活，人们的日子过得红红火火，村子里一片繁荣景象。这一天，天空忽然乌云翻滚，电闪雷鸣，随着嘎巴一声巨响，一头巨大的牤牛落在了地面上。这头牤牛有两间房子那么大，头上的犄角有五六尺长，脸盆大的眼睛里放出阴森森的光，脖子上挂着个金铃铛，大嘴一张可吞下五六个人，长长的獠牙像两把钢刀般锋利。这头牤牛本是天庭

↓ 牤牛山

里的一头神牛，因触犯天规，被玉帝贬下凡间，让它为人类做点贡献。哪承想，这头牛根本不思悔改，反而做起恶来，它见人就吃，吓得人们东躲西藏。一时间，繁华的村子变得冷冷清清。人们无法生存，人间的怨气直冲天庭，惊动了玉皇大帝，玉帝忙派一支天兵天将前来降伏此妖。这头牤牛并不想束手就擒，便与天兵天将展开了一场恶战，只拼得天昏地暗，飞沙走石，喊杀声响彻云霄，三天三夜没有停息。这时，牤牛有点儿力不从心了，虚晃一招，夹着尾巴逃进了深山，再也不出来了。说话间托塔李天王已来到了此地，只见他用手一指，口中念念有词，再看那牤牛变成了一块巨石。天兵天将一拥而上，用钉子把牤牛钉住，使它动弹不得，还把它的獠牙也拔掉了。

由于先前牤牛大量捕食山民，生存下来的人特别少，所以至今这里仍是个人口不过百的小山村。

焦赞城的传说

在青口古道的边上有一片开阔地叫焦赞城，如今已是残墙断壁，只留下一堆废墟和一个古老的传说。

传说北宋时期有一位山大王叫焦赞，从小无依无靠，家里的房屋田产全被地主霸占，只能沿街乞讨，过着孤苦伶仃的生活，他恨透了那些贪官污吏、地主恶霸。等他长大以后，虽没读过书，不能识文断字，但却有着强悍的体魄，侠义的心肠，焦赞后来和好友孟

良一起集结了很多无家可归的穷苦人，占山为王。再说这青口路上，
上山西、下河南的客商特多，因此焦、孟二人屡屡得手，他们把劫
来的财物分给穷苦人，真个是劫富济贫了，过往客商叫苦不迭。消
息很快传到了东京汴梁，皇上哪能听得了这个，急忙召见杨家将杨
六郎，让他去剿匪。杨六郎对此事早有耳闻，他是胸有成竹，便领
了旨，带领大军前来太行山讨伐焦、孟。一路上杨六郎率领大军浩
浩荡荡，所到之处不欺民、不扰民。这焦、孟二人也早已晓得，但
不得不做应战准备。孟良在豫晋交界处防守（至今还留有古寨墙和
烽火台；天险小城门在修建武陵公路时拆除）抵御背后偷袭，焦赞

↓ 焦赞城

从正面镇守大草原前的山口夹驴缝。这夹驴缝两边悬崖徒壁，中间有一道石缝，可走过往行人，如果驴子驮的东西多了，就过不去石缝，所以叫夹驴缝，此处易守难攻。杨六郎率军来到此处看后，不主张强攻，怕死伤无辜太多，就想智取焦、孟，遂扎下大营，按兵不动。只是青口路上的过往穷人多了起来，焦赞见了穷人是又给盘缠又管饭，可就是不见一兵一卒上山来攻打。这一天，有一群出殡的队伍上来了，前边是车马拉着棺材，后边是几十名孝子，哭声震天，焦赞见孝子们哭得实在可怜，便放他们上山来。这些出殡队伍顺利通过夹驴缝后，突然将车马停住，打开棺材拿出兵刀。这时焦赞才知中计，急忙上马提枪赶紧迎战。此时山上杀声四起，这些伏兵便是前几天上山的"穷苦人"，他们见焦赞侠肝义胆，因此都只是喊杀但没人真杀。

却说杨六郎和焦赞战在一处，焦赞哪里是有万夫不当之勇的杨六郎的对手，只见他只有招架之功，没有还手之力。好在杨六郎无心伤着焦赞，下手不狠，两人大战一天一夜。焦赞人困马乏，想逃回城中，怎奈马实在太累了，逃到半路就跑到路中央尿了一大坑马尿（后来这里叫马尿坑），焦赞也从马上跌落下来。杨六郎见状急忙下马扶起焦赞："焦将军小心，若不嫌弃，你我可结为兄弟。"焦赞见杨六郎如此不计前嫌也是感动万分，就放火烧了自己的焦赞城，和众弟兄一起来到小城门下。孟良见焦赞带着杨六郎还有官军来在城下，便知大势已去，后听焦赞说了杨六郎仁义忠良，便放开城门迎杨六郎进山寨。焦、孟、杨三人结拜兄弟后，焦、孟二人弃了山寨，跟随杨六郎驰骋沙场并屡立战功。

行商拜扁担的来历

相传山西高平侯庄有一赵姓人家，家境还算殷实。随着赵老夫妇渐渐老迈，老赵的儿子赵德旺身上的担子也慢慢加重，他一边要下地干活，一边要照顾老人，忙得招架不住。

老赵的邻家有一闺女姓张名月，和赵德旺青梅竹马，如今年方十八，出落得俊美清秀、亭亭玉立，保媒拉纤的踢破门槛，姑娘从未答应，只是见张月姑娘常到赵家，帮着赵德旺照料老人。赵老夫妇看在眼里喜在心里。这天，赵老夫人试探着问张月道："月儿呀，你已成大姑娘啦，该找婆家了，就没个中意的？"张月姑娘小脸微红笑道："大娘，我不着急，我在等，等缘分到了，我就嫁。"赵老夫人赶紧又问："那你等谁呢？看大娘能给你帮上忙不？"张月的小脸更红了，只见她低着头、轻声地说："我在等我的德旺哥。"赵老夫人用试探的语气说："孩子啊，不是我们不愿意娶你当儿媳妇，你看我和你大伯都老不中用了，还每天需要人照顾，是怕连累你跟着我们受苦呀！"张月姑娘用倔强的口气道："大娘，我不嫌弃人。我就等他，我就等德旺哥一句话，如果他心里还有我，我就等着他到我家来提亲。"说完，张月姑娘就走了。赵老夫人听完老泪纵横，心里像是倒了五味瓶，赶快跟老赵商量该如何是好。经过慎重考虑后，老两口做出了一个决定：将自己家里的部分田产卖掉，三媒六证，把张月姑娘娶到赵家。

自打张月姑娘嫁入赵家，便承担了家务和照料老人的责任，二位老人被照顾得十分舒心，家里家外也是干净利落。赵德旺的小日子过得红红火火，张月先后又为赵家添了一双儿女。

这年秋后，赵德旺发现一些村民都挑着药材去河南卖，他也动了心思，随即采了些药材挑了一担，跟着乡亲们踏上了前往河南的行商之旅。这是赵德旺生平第一次出远门做生意，他显得特别兴奋，翻山越岭，穿沟过水。外面的世界真大呀！一连走了三天，赵德旺的肩膀起了泡又掉了一层皮，肚子也叫得厉害，看着天色已晚，便在二棚寨住了下来。

夜深了，赵德旺辗转反侧睡不着觉，索性起床，点着了油灯用手抚摸着伴随自己一路走来的扁担，想起了家里的贤妻、儿女、父母，觉得自己和扁担承担的不仅仅是一担药材，而是父母妻儿在远方的期盼。赵德旺把手里的扁担靠在墙边，然后对扁担磕了三个响头、拜了三拜，嘴里念叨着："扁担呀，老伙计，我的家业以后就靠你啦！从山西到河南我走一步你震三震，生意有你顺！顺！顺！"果然，这一趟下来，顺风顺水，到河南后，正赶上药材涨价，这一担药材卖了不少钱。赵德旺给儿子买了拨浪鼓，给女儿买了红头绳，给妻子买了小花布，给父母买了甜点心。回到家里，妻子为赵德旺端上了热气腾腾的饭，全家人围坐在一起尽情享受着团聚的喜悦。赵德旺很快准备了第二趟、第三趟……由于赵德旺的药材品质好，所以不但他的药材大家都抢着要，而且河南的大药材商还提前预订。从此，在山西通往河南的青口路上，经常能看到赵德旺挑着药材担子的身影。转眼几十年过去了，赵德旺置办了田产，还盖起了十三进的大院落，成了当地很有威望的赵东家。

赵德旺五十多岁的时候，仍担着一根扁担的药材，从山西到河南来来往往地做着生意，每到二棚寨住宿时，夜里依旧要敬自己的扁担。这一次，赵东家在二棚寨住宿，夜里敬完扁担后，感到身体有些不舒服，也没在意，宽衣解带上床睡觉。第二天，赵老东家虽然感到有些力不从心，但还是挑起药材担子一步一步地走着；当把药材交到药材商手里时已是半夜，他拖着疲惫的身体，回到了自己投宿几十年的老客栈里。第二天，客栈里传出了赵老东家暴亡的消息。

噩耗传回山西，张月老夫人怆地哭天，带领儿女前往河南奔丧。老夫人一路上看着丈夫风风雨雨多少年所走过的路，感慨

↑ 古道上的老扁担

万千，到了百泉，老夫人抱着丈夫的尸体哭得天昏地暗，死去活来，由于山道艰难无法将老东家的棺材运回山下，只能将其埋葬于百泉山下。

张月老夫人葬完丈夫回到山西，日思夜想，一心想将丈夫的遗骸魂归故里，便倾其所有，耗时十年修了一条能够行走车马的大道。最终，张月老夫人完成了夙愿，将赵老东家的遗骨运回了山西。赵德旺与张月的忠贞爱情故事和他们执着的精神，在当地传为佳话，激励了他们的子孙，也激励了所有人。

黄龙潭的传说

在一斗水村顺谷底一直往外走到尽头，有一处叫大龙口，大龙口下有一黄龙潭，常年有水从潭中流出，鱼虾龟贝应有尽有。这潭水一年四季不减，水量极其丰富，喷珠吐玉，流光溢彩。在黄龙潭的西北面是千丈立壁，到了夏天雨季，更是飞瀑奔泻而下，流入黄龙潭中；东面依山傍势，有一座挺拔清秀的山峰坐落在潭边，这座山峰像一把利剑刺入云端，又像一位仙人独立于山崖之巅。不知是这山点缀了水，还是水点缀了山，开阔的视野、绝丽的风景会让你抛开所有的烦恼和不快。

话说有一年大旱，粮食颗粒无收，一斗水村全村老少备了供品，

↓ 悬崖下即是黄龙潭

来到青龙古道边上的龙王庙许愿求雨。一斗水村求雨有一个规矩：如果三天内龙王降了雨，就将龙王的牌位接回村中大庙，唱三天大戏以还愿；如果三天内龙王不降雨，全村老少就一起到大龙口上，往黄龙潭里扔石头以惩罚龙王。这次求雨后三天期限已过，仍不见龙王降雨，村民来到大龙口边上拾起石块，雨点般向黄龙潭砸去……

再说河南滑县有一位木工，常年在山西做活，这年冬天，想早点往家赶。当他沿青龙古道走到一斗水村外时，见龙王庙门口立着一位身着黄衫、须发斑白的老者。老者很客气地打招呼后，恳求木匠给自己做几天活。这木匠先是不同意，后经再三恳求，也就答应了。老者让木匠闭上眼睛跟自己回家。木匠虽觉得奇怪，但也依了老人的要求，闭上双眼，只听耳边呼呼风响……老者让木匠睁开眼睛，只见这老者家里屋宇高大，雕梁画栋，非一般人家能比，只是在这院子里总感觉阴冷无比，也见不到阳光。木匠也不与老者多谈，转眼间五六天过去了，老者的门窗均已修补完好。老者不胜感激，山珍海味款待一番后付了工钱，送木匠出门，老者对木匠说："顺眼前的这条大道一直往前走不要回头看。"木匠应声，往前走了一会儿，心里想，究竟这老头搞的什么鬼，反正也走出这么远了，我何不回头看一眼呢？想到这里，木匠就猛回头看了一眼，"呀！"顿时惊得目瞪口呆，原来自己从一个深不见底的潭中走出，想想这些天在老者家做活，总是阴森森的不见日头，他越想越怕，抬腿便跑，"妈呀！"刚才的大道变成了河滩乱石……回到家里，只见家里大大小小的一堆人，自己却认不得一个，细一问才知道，自己已经离家几十年了，孙子已经变成白头老翁了，这木匠又怎能认得这满堂的子孙呢？

石破天惊

在一斗水村的东沟里，有一口泉叫天惊泉，此泉从石缝流出，入一石井，这石井说是井也就是一水坑，长年水满从不干涸。

传说在秦始皇统治时期，为了修建长城从全国各地征用民工，一斗水村的壮劳力也被抓完了。这东沟里住着一位王阿婆和她三十多岁的儿子王贵，娘儿俩相依为命，儿子尚未娶妻，家境贫寒自不必说。王贵也不例外被抓去修长城，剩下王阿婆一人在家孤苦伶仃，整日盼着儿子归来。后来听回来的一个村民说，王贵累死在了长城下。王阿婆听到这个噩耗，流下了自己最后一滴眼泪。这时只听"嘎巴"一声炸雷，一道彩虹冲天而起，大石头被击出一个一米来深的石缝，石缝里流出了涓涓泉水。王阿婆却不见了，有人说王阿婆乘着那道彩虹去找儿子去了……人们为了纪念王阿婆，把这个泉叫天惊泉，也有人叫它阿婆泉。

钟报平安

在大黄龙峡的一侧崖壁上有一处山洞，叫平安洞，这里上面是千丈绝壁，下面是万丈深渊，中间的羊肠小道通往奇珍峡。再看平安洞口，绝壁上垂挂着一个大石钟，像真的一样，当地人都说它代表着终生平安；另一边有一个天然形成的神龟石，它代表着福寿安康。为什么这么说呢？

以前，山里人因交通不便，一到春天青黄不接的时候最缺的就是蔬菜，而奇珍峡里每到春天，早早地便长出遍地的野菜，例如山韭菜、草葱等。人们为了吃到新鲜的野菜，不得不冒着生命危险来到奇珍峡。每当人们路过平安洞时总要摸一下石钟，让石钟保佑自己平安归来；当从奇珍峡回来路过平安洞时就再摸一下那只神龟石，让神龟保佑自己健康长寿。就这样一代又一代，石钟永远祝福着来奇珍峡的人们终身平安，神龟则祝福人们福寿安康。

守望梅花石

在一斗水村的古官道上横卧着一块长满梅花花纹的石头，石头的一头趴着一只痴情的小乌龟，看起来非常滑稽。这里还有一个传说。当地人都说，如果喝了一斗水井里的水，便可以长寿，常喝便长生不老。小乌龟听到后，便直奔一斗水而来。它一路上历尽千辛万苦，爬呀爬，看到了一片梅树林，梅花正在盛开，千娇百媚，小乌龟看得眼都直了，它

↑ 梅花石

想，这么好看的梅花我从来没有见过，我一定要看到花开败了再走。谁知这梅花永不凋谢，日复一日，年复一年，最终梅花和小乌龟都变成了石头。小乌龟再没有喝到一斗水井里的水，却当了护花使者。

两口泉

在一斗水井的边上有一个水坑，人称"两口泉"，这坑里的水是用来饮牲口的。相传一斗水村来了一对恶夫妇，他俩来到村里以后，欺男霸女、打家劫舍，就连过路人，他们也不放过。

↓ 两口泉

这一天，从南边来了一个赶驴的，刚想坐下来歇息，便被这对恶夫妇看到了，上前便骂道："赶驴的，谁让你坐我家的石头了？"赶驴的赶快站起身要走，恶夫妇又骂上了："你的驴把我家的路弄脏了，把我家路边的草给啃了，你得赔！"赶驴的说："怎么赔？"恶夫妇道："把驴留下，要不然我打死你。"话音没落，

↑ 两口泉

恶夫要打人，恶妇要夺驴。说时迟那时快，只见驴左一下、右一下，将恶夫妇俩踢倒在地，赶驴的口中念念有词，两个恶人变成了两口泉，赶驴人骑上自己的驴飘然升天。原来这是张果老下界来惩治这对恶人，此后，人们就用这两口泉来饮牛、饮羊。

箭眼山的传说

在云台山的北部豫晋边界处，有个小山村叫西润村，和一斗水村相比邻，这个小山村后有座大山，大山上苍松翠柏，四季常青，风景怡人，在山的背面崖壁上有三个巨大的箭眼，这里还有一段动人的传说。

传说玉皇大帝有九位如花似玉的女儿，也就是传说中的九仙女，其中有三位爱好习武，她们便是老大朝霞仙子、老二晚霞仙子和老三碧霞仙子。玉皇大帝见她们聪明伶俐，又爱舞枪弄棒，

便给她们找了一位法力高强的仙人指点武艺。转眼三年过去了，玉皇大帝有意看看三个女儿的武艺如何，就传旨将女儿们召回天庭。玉帝见三个女儿出落得亭亭玉立，心里十分欢喜，便召集群臣，在南天门外摆开校场，和群臣共赏三位仙女的武功。只见三位仙女像三朵彩霞一般，飞来飘去，真个是霞光万道，只看得玉皇大帝乐不可支，群臣看得眼花缭乱。玉帝十分高兴，便乘兴又让三个仙女对练，姐妹仨各自施展绝技，战在一处，只见三朵飞霞上下翻转，刀光剑影，这样战了两天两夜难分胜负，玉帝心疼女儿们，便传旨停止比武。

因比武未分输赢，三位仙女还未尽兴，总想见个高低。这一天，姐妹们来向玉帝请安。玉帝看出三姐妹心思，就让王母娘娘给他出个既不会伤着女儿们，又可比出高低的办法。王母娘娘沉思良久，指着云台山北边的一座大山说："三位丫头呀，为娘给你们出个决胜负、论高低的主意，你们看那座山，那是云台山后边最大的一座山，为娘给你们三张神弓，三支神箭，你们每人射一箭便可决出高低了。"

于是三位仙女便各自带着弓箭走出天宫，飞身飘下凡间。此时正值人间春暖花开之季，只见云台山上鲜花遍野，山清水秀，苍松翠柏，美景如画。只看得老大、老二心旷神怡，只有老三镇定自若。这时天宫传下了玉帝的号令，三位仙女不敢怠慢，赶快选好地势，她们来到箭眼山北边的摩天岭上，面南而跪，抽弓搭箭。只见老大弓拉满月，右手一松，嗖的一声箭射出去了，箭头划破长空，呼啸而过，直奔大山而来，只听轰隆一声巨响，箭头射进崖壁；老二这时也发出一箭，和老大一样，将箭射入石崖；再看

　　老三不慌不忙，将弓拉满以后，照准山崖最薄弱的地方就是一箭，一声巨响以后，箭头竟将山崖射透了，穿过山崖之后，这支箭落在了云台山前的一个小山村中央，在地上扎出一口井来，箭头变成了一股清泉，汩汩流出，从此这个小山村便取名为西箭村，年长日久，人们把西箭村叫成了西润村。那座被三仙女射了箭的大山，因留下了三个箭眼，所以便叫箭眼山。

　　再说玉帝看到三个女儿的武功后，便和王母商量，传旨让三仙女碧霞仙子回到天宫掌管天庭的女兵女将；因大女儿朝霞仙子、二女儿晚霞仙子对云台山的美景无比眷恋，就留在了人间。

↓ 箭眼山

　　千年古道已远去，昔日繁华消散，唯留一块块巨石，犹如琴键湮没在蓁蓁芳草丛中。为了改变出行的艰难，一斗水村民参与到修武县主导的一次对大自然的抗争中，历时十年，人工开凿修建穿山可称人间奇迹的叠彩洞。近年来，一斗水村的美和历史底蕴正在被人们发觉和保护，全力打造特色休闲度假游，走出了一条深山区农村发展、农民致富的特色之路。现今的一斗水村已是一片欣欣向荣的景象。

↓ 太行弯道

第八章

新时代的
一斗水

叠彩洞的奇迹

　　叠彩洞是一斗水村与外界沟通的一条交通要道，也是连接河南和山西两省的重要通道。叠彩洞从 1977 年开始修建，历经 10 年，于 1986 年建成。

　　叠彩洞是通往云台山著名景区——茱萸峰的必经之路，从河南省修武县到山西省陵川县——修陵公路的云台山公路隧道路段，包括沿途分布的长短不同、形状各异的 23 条公路隧道，其中在河南省内的有 19 条，其余的在山西省。据《修武县志》记载："叠彩洞为人工洞，……在崖墙陡壁上共开凿 U 型、S 型、直线型隧道大小共计 23 个，首尾相连，总长度 4831 米……"可知，叠彩洞修建在高耸的悬崖峭壁上，总长度近 5000 米。而从叠彩洞第一个洞口到最后一个洞口上下落差近 1000 米，也就是说，在叠彩洞内驱车前行，平均每前进 100 米就会上升 20 米的高度。虽然在车上观赏时或者自己驾车时，并没有明显地感觉到自己在爬升，然而随着车辆前进会感觉到周围的空气在变凉，近千米的落差，温度相差 6 摄氏度左右，从第一个洞口到最后一个洞口，还是能感觉到明显的温度差异。

↑ 流芳百世碑

2014 年 9 月 27 日，叠彩洞以"拥有最多螺旋上升 U 形穿山人工隧洞的隧洞群"获得"大世界基尼斯之最"。上海大世界基尼斯总部为其颁发证书，证书上清楚地记载着："叠彩洞隧洞群位于河南省焦作市修武县云台山风景名胜区境内，在同一山体拥有连续 7 条 180 度转弯并螺旋上升的 U 型隧道，系 1978 年至 1986 年人工开凿穿山修建（双向二车道）。其中最长的 U 型隧洞为八号洞（宝塔映辉），长度达 416.77 米，最长的 U 型连体隧洞为十一号洞（曲径通幽），长度达 448.67 米。"

1977 年开始修建叠彩洞时，由于所处地势较高，且多悬崖峭壁，因此测量、设计、施工的难度都非常大。该洞由全国劳动模范、修武"土专家"张有臣设计监制，在修武县政府领导和组织下开始修建。据《修武县志》载，修建叠彩洞公路隧道时，除了政府投资外，一斗水村民有过之前修路的经验，村民的积极性很高，纷纷加入到修路的工程中去，"为打山洞筹集资金，村里卖牛、卖羊、卖木料，发动村民每人每年集资 30 元，

↑ 叠彩洞

↑ 洞连洞的叠彩洞

↑ 叠彩洞

全村累计投资 150 余万元，村里义务投工 120 万个。"

　　首先是工程的勘测和设计。由于地形地势条件恶劣，都是悬崖峭壁，很多测量都需要攀爬到陡峭的岩石上或者用绳子悬挂在半山腰上进行，而且绘图的设备简陋，很多技术人员都是背着工具和干粮攀爬到很高的地方测量，饿了吃点儿干粮继续测量，只是为了确保测量的精准。设计方案一次次被制订、否定、修改、重新制订，在实践中反复地测量、商议，最后决定设计为 U 形洞、S 形洞、直线洞等公路隧道方案。

　　再就是工程的施工。为了节省时间和尽早地完成公路隧道的修建，很多工人无论严寒酷暑都是每天吃住在山洞里，吃的粮食和水都是靠人力背上去的，吃的也很简单，如窝头、馒头、咸菜，后来干脆在山洞里安置了一口大锅，解决了人们的吃饭问题。无论条件多么艰苦，人们从来没有想过要放弃，他们坚信无论多苦多难都一定要把公路修好。

　　叠彩洞是修武人民战天斗地的精彩杰作。据当地村民言，从 1977 年至 1986 年十年间，全县 8000 余名党员干部参加修路的大会战，几乎家家都尽了力量，他们为之奉献

↑ 隧洞叠彩

了劳动、血汗、青春、财务，其中 23 名普通群众甚至为之奉献了宝贵的生命。通过叠彩洞可以直达云台山顶，即河南与山西省界，将巍峨雄山踩在脚下，实为全国公路隧道建设史上一大创举。

传统村落焕发新的活力

近年来，一斗水村立足区位优势，坚持科学发展，以转变农业发展方式为主线，以实现农业增效、农民增收为目的，以"吃农家饭、住农家屋、做农家活、采农家果、享农家乐"为主题，全力打造特色休闲度假游，走出了一条深山区农村发展、农民致富的特色之路。一斗水村本着"古村落为依托、民俗为载体、文化为灵魂、云台山石头村为主题"的原则，邀请河南省旅游规划设计院专家，对整个村落及周边环境进行整体规划。按照规划要求，多方筹资1200多万元，实施了一斗水古村落休闲农业开发项目，修建了古井碑观景亭、梯级观井水面，开发了古官道、龙显石等景观，统一安装仿古式路灯，制作旅游引导标志牌，修缮古关帝庙；统一规划修复现有石头房，规划建设石板景观路，打造"石头村"品牌，体现古村落特色；大力发展山木耳、无公害野菜、土鸡蛋等特色种植、养殖业，不断扩大山木耳种植规模，年产山木耳达1000余斤，并充分利用果园、山地等自然场所养殖土鸡，深受消费者喜爱。

↑ 从省道可以直下一斗水村

↑ 村庄入口的简介牌

田园农庄

绘在村中心的游览图

文旅融合

古道成为人们怀古之地

一斗水村成为写生基地

武（陟）—陵（川）省际公路

武陵公路豫晋交界处

新型驿站"农家乐"

被洪水冲刷的石墙

　　为保证质量，提升竞争力，村里专门成立了一斗水村土特产专业合作社，注册商标，对山木耳、土鸡蛋、杂粮等无公害农产品统一收购、统一包装、统一出售，打造绿色农业品牌。本着"在保护中开发、在开发中保护"的原则，连年实施退耕还林工程，对遍布山间200多年以上的松、椿、柳、榆、核桃、红豆杉等古树明确专职人员进行管护；对路边、山坡生长着的野地黄、野菊花、野山药等草本植物，进行有计划的保护性采摘；对具有较高药用价值的植物，进行尝试性的人工扩种栽培。

　　过去的一斗水村由于深居山中，特殊的地理位置造成了交通闭塞、不通人烟，使得小山村的美一直没有被外界所瞩目，

↓ 旅游带动了乡村经贸

造成了贫困落后的面貌。但是近年来，当地领导意识到了这个问题，开始精心扶持、开发这个别具古村风情和丰富文化内涵的小山村，紧紧抓住修武县持续实施的"旅游兴县"的战略机遇，坚持以科学发展观为指导思想，结合一斗水村丰富的人文资源和风景如画、气候宜人的自然条件，明确了一斗水村的发展方向，在县镇政府的大力投入、不懈努力之下，打造出了一斗水村新时期的新风貌。通过开发建设，一斗水村不仅对外扩大了知名度，而且形成了良好的精神风貌，走出了一条深山区农村发展、农民致富的特色之路，被评为"河南十佳美丽山村""河南最美山村"等称号。

↑ 一斗水村小集市

↑ 小山村售货

千年古村一斗水正在走出沉寂和凋敝，现今已是一片欣欣向荣的景象，古村的美和历史底蕴正在被人们发觉和保护。

一个历史厚重的石头村，正以崭新的面貌展现在世人面前。

附录

带领村民修路的支书——郭麦旺

二十世纪六十年代前，由于交通闭塞，一斗水村民与外界沟通特别困难，村民想要出去只有一条路可走，这是一条修在悬崖峭壁上极为陡峭、底下是万丈深渊，特别不安全的山路，不但发展、联络都成问题，村民看病都成了头等大事。1965 年开始担任一斗水大队党支部书记的郭麦旺看到，村民这么多年都是依靠政府救济生活，心里很不是滋味儿，他决心要尽自己所能改变山村的穷困落后面貌。为了便于村民通行，郭麦旺先是带领全村群众修通了各自然村之间的路。但没有走出大山的路，仍不能从根本上改变村里的穷困现状，于是郭麦旺决心带领群众，用愚公移山的精神，修一条生存之路，修一条子孙后代不再与世隔绝之路。

在村民大会上，郭麦旺对着大山，带领全体村民吼出了口号："宁可干死、累死，绝不困死！"听到修路的消息，村里家家户户都纷纷响应，出钱出力，翻山越岭，辛勤地开辟山路，每一寸山路都是村民靠铁锤一锤一锤地开凿出来的。在修建公路隧道时，为了确保测量、施工的准确，曾多次历险。郭麦旺曾在修路时被石块砸伤了右脚落下终身残疾；

↑ 郭麦旺

他还失去了弟弟和叔叔，弟弟郭秋望和叔叔郭珠礼都为修路奉献了自己的生命。连续失去了两个亲人，郭麦旺没有沉浸于个人的悲伤之中，他化悲痛为力量，继续义无反顾地投入修路的工程中去。漫长的 6 年过去了，村民们齐心协力艰苦奋战，一条 4 米宽、15 公里长的山路终于修成了。虽然仅仅是一条山路，但这条由一斗水村至陵川琵琶河的道路，终于让村民们可以顺利下山了。

宣传家乡，我乐意

—— 一斗水村义务讲解员郭文胜自述

我叫郭文胜，1970 年出生，河南省修武县云台山镇一斗水村人。从小家境贫寒，缺吃少穿，但酷爱读书，向往作家诗人的生活境界。

小学五年是在村里的关帝大庙里读完的。13 岁考上了离家 75 里之遥的赤庄中学，当时来说算是重点初中，可是对于我来说，是一个从来没听说过的地方。

开学的前一天，是父亲带着我来学校报到的，父亲挑着我的所有行李，一路上说了很多话。到校报到以后，父亲并没有走，而是留下来陪着我住了一晚，我们爷俩说了多少话已记不清了，只记得父亲用自己的身体挡着寝室那扇破窗上的破洞。我知道当时父亲是为我挡风，怕我着凉，虽然没给我足够的生活费，却也是满满的父爱了。

第二天，父亲走了。我望着父亲的背影，望着生我养我的大山，泪水模糊了我的视线。

因为我们村就我一个人考到了这里，所以周末回家没有同伴。

当时不是双休日，而是要星期六下午上两节课后才能回家。我想家心切，下课后，总是一路狂奔，一口气跑到家，仅用三个小时便跑完 75 里地。每次跑一半路天就要黑了，当时到山顶草原的那一带常有狼出没，心里恐惧也不敢停歇，就一边跑，一边大声地唱，跑到家里时已经汗水淋漓。

母亲那时体弱多病。我每次回家，总是看到母亲坐在老土炕上，一针一线地缝制衣裤，尽管这种衣裤在学校穿着很不流行，但我很珍惜。

星期日，母亲总要撑着身体起来，为我烙上十几个面饼。虽然没油，但那是白面做的，很香，当时家里人都吃不上的。

吃过早饭，我就要往学校走了。背上母亲为我烙的饼、缝的衣，走出家门。我走出很远，回头看时，还看见母亲倚在门口的身影。几十里的山路古道，几十里的热泪奔流。没有了一路狂奔的劲头，七个多小时才能赶到学校。与其说我读懂了古道的历史，还不如说古道记下了我的眼泪。

多少次在古道上狂奔，多少次在古道上驻足，让我对古道有了特殊的情怀，于是后来我就写下了"古道传奇"。

初中毕业，家里已负担不起我上学的费用，我只能离开学校回到家里务农。没多久，村干部找上门来，说我家欠村里三百块钱。因为家里实在还不起，要我教学抵债，于是我便成了村小学的一位计划外教师，每月 30 元钱工资。

19 岁那年去焦作师范学校打工。打工三年，期间认识了博爱县的刘晓果，自由恋爱。结婚后，又回到村里居住。并且生了两个儿子，妻子也在村里教了近九年的书。

　　2002 年，我把孩子们送到了博爱县的姥姥家上学，原因是合校并点，村里没了小学。我们把家里仅剩的几百斤小麦和几袋面粉全部卖掉，凑了几百块钱，开着农用三轮车，做起了卖菜的生意，风里来雨里去，一年下来还完了债务，还攒了几千块钱。

　　2004 年决定去云台山景区做点儿小生意，就在茱萸峰停车场租了个小摊位，卖起了纪念品。刚到茱萸峰停车场做生意时，认识了修武县的一个残疾人作家薛小战，我无比崇拜薛老师，向他请教。把我的想法向薛老师表明后，薛老师让我先自己写一些让他看看。我非常激动和兴奋，回到家后，晚上几乎没睡，写了《一斗水的传说》，第二天拿给薛老师看。薛老师看后说："还行，

↓ 郭文胜

继续写吧。大胆地写。"于是我的信心更足了，先后写了《叠彩洞》《箭山的传说》《牡牛山的传说》《古道传奇》《神水根源》《天汉脚下石鸽洞》《黄龙谭的传说》，还整理了一斗水村关帝庙的资料和图纸，其中有几篇文章收录在《走进云台山深处》一书中。

《走进云台山深处》这本书卖得很"火"，成了云台山旅游局赠送贵宾的礼品。一些领导看了这本书以后，赞不绝口，有了来一斗水村参观一下的念头。后来，如我所愿，一斗水村被评为中国传统村落，关帝庙也恢复了原貌。很多领导和贵宾来了，我都要做义务讲解。宣传家乡，我乐意！

我淡泊名利，不是我不缺钱，而是想让村民百姓跟我一起致富。虽然这条路很难，但我要一直走下去。我要把一斗水村的风土人情，人文历史全部写出来与大家共享。

随着许多新闻媒体对我们一斗水村的宣传报道，我看到了一个深藏在太行山中传统村落的希望。

我梦想中的一斗水村正在崛起！

后 记

古道悠远，情怀绵绵。在豫晋两省的太行山深处，有一条奇美幽深的古道，它位于巍峨耸峙、千峰交错、高山断崖之间，曾在中国历史上扮演着重要的交通角色，但现在却静静地隐藏在那里，外人几乎将它遗忘。它就是太行八陉中的第三陉——白陉。在漫长历史中，白陉古道一直是贯通晋豫及江南诸省的一条咽喉要道。在这条千年古道上，有一个村子，是从山西翻越巍峨的太行山进入河南的第一个村子。两省交界，自然承载了历史的厚重。它有一个独特的名字，叫一斗水。

时光荏苒，斗转星移。随着历史的车轮滚滚向前，这条繁盛

↓ 查看古道路石

↑ 听村民讲故事

↑ 在关帝庙留个影

↑ 听当地镇长介绍情况

千年的要道失去了昔日的地位，湮没在嶙峋的岩石和绝崖险峰之间，甚至没有人记起它。白陉，似乎仅存在历史的典籍上。

我们努力沿着这条悠远迷人的古道，走进这座千年古村，感受其昔日的辉煌，从而发现古道魅力，探寻中国丰富多彩的古道、古村文化，同时力争向社会呼吁保护这条古道和一斗水村的重要意义。

本书得到了中国民间文艺家协会副主席、河南省文联副主席、河南省民间文艺家协会主席程健君的高度关注，他多次过问白陉和一斗水村的保护情况，多次不辞辛苦跋山涉水、深入农户进行调研和采访，最终促成了本书的顺利出版。河南省著名民俗专家乔台山也多次前往一斗水村采集资料，并对本书的体例、成稿给予了极大支持。本书还得到郑州大学副教授王允亮和郑州大学文学院几位研究生的支持。为使本书照片丰富精彩，杨正华等专程前往太行山拍摄了大量照片，修武县委宣传部也提供了部分照片。由于本书从采写到成稿历时三年，照片累计数千张，在编辑过程中照片无法一一对应作者，在此只能引以为憾。本书摄影作者如有遗漏，请联系本书主编。对提供照片未能署名的作者表示歉意。本书为 2017 年度河南省软科学研究计划项目（"工匠精神"契合下河南省民间手工艺品自主创新研究，课题编号：172400410391）和 2016 年度河南省高等学校重点科研项目（河南省乡村手工艺"一村一品"开发研究，课题编号：16A790039）的研究成果。本书在采写过程中，得到了一斗水村村民郭文胜的积极帮助。这里向为本书出版付出努力的各位朋友表示衷心感谢！

↑ 本书主编在探寻古道

↑ 本书编辑部成员同"乡村通"郭文胜（右一）在白陉古道一斗水村羊圈沟段合影

编者

2018 年 9 月 12 日

↓ 拍摄古道

图书在版编目（CIP）数据

中国历史文化名村. 河南一斗水／潘鲁生，邱运华总主编；中国民间文艺家协会组织编写. —北京：知识产权出版社，2019.5

（中国历史文化名城·名镇·名村丛书）

ISBN 978-7-5130-6163-6

Ⅰ. ①中… Ⅱ. ①潘… ②邱… ③中… Ⅲ. ①乡村—概况—河南 Ⅳ. ① K928.5

中国版本图书馆 CIP 数据核字（2019）第 047598 号

责任编辑：孙　昕　　　　　　　　　　责任校对：王　岩

书装设计：研美文化　　　　　　　　　责任印制：刘译文

中国历史文化名城·名镇·名村丛书

中国历史文化名村·河南一斗水

中国民间文艺家协会　组织编写

总 主 编　潘鲁生　邱运华

本卷主编　孙　军

出版发行：知识产权出版社 有限责任公司	网　　址：http://www.ipph.cn	
社　　址：北京市海淀区气象路 50 号院	邮　　编：100081	
责编电话：010-82000860 转 8111	责编邮箱：sunxinmlxq@126.com	
发行电话：010-82000860 转 8101/8102	发行传真：010-82000893/82005070/82000270	
印　　刷：天津市银博印刷集团有限公司	经　　销：各大网上书店、新华书店及相关专业书店	
开　　本：720mm×1000mm　1/16	印　　张：13	
版　　次：2019 年 5 月第 1 版	印　　次：2019 年 5 月第 1 次印刷	
字　　数：160 千字	定　　价：80.00 元	

ISBN 978-7-5130-6163-6